자본심

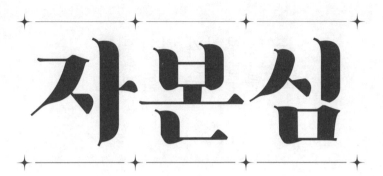

자본심

김수영 지음

경이로움

지금도 부자가 되기 위해
고군분투하는 분들에게

부자가 꼭 되겠다고, 냉정한 자본주의 사회에서 스스로 홀로 우뚝 서보겠다고 결심하고 달려온 지 어느덧 만으로 16년이 되었습니다. 저의 첫 부동산 투자가 21세 때였으니 말입니다. 자본주의의 속성에 대해 알고 일찍 눈을 떴다는 것은, 그만큼 투자를 일찍 시작했다는 것은 투자 시장에서는 너무나 유리한 일임이 분명합니다. 자산資産은 결국 시간을 먹고 자라니까요.

이 책을 읽는 독자 여러분도 하루빨리 자본주의의 진정한 실체와 구조, 흐름에 눈뜨시기를 바랍니다. 부자가 된다는 것은 열심히 노동만 한다고 해서 이루어지지 않습니다. 그보다는 돈을 어떤 방법으로 벌어서 어떻게 불려야 할지를 제대로 알고 이를 하루빨리 실천해야 합니다.

지금 이 순간에도 치열한 자본주의 사회의 전쟁터를 살아가는 대부분의 사람은 주로 직장인이나 월급 생활자입니다. 하지만 안타깝게도 월급만으로는 절대 부자가 될 수 없습니다. 무턱대고 좋은 대학교 진학과 대기업 취업에만 매달리고, 승진에 목매기 전에 먼저 세상이 굴러가는 방향을 냉정히 파악하고 직시해야 합니다.

월급月給이란 한 달 동안 일해서 받는 돈입니다. 직장을 그만둔다는 것은 당장 그달에 받는 돈이 사라진다는 것을 의미합니다. 월 250만 원을 버는 대한민국의 평범한 젊은이가 주거비로 70만~80만 원을 써버리고, 생활비로 100만 원을 쓰고 나면 주머니에 남는 돈이 얼마나 될까요? 이렇게 산다면 1년이 지나도, 2년이 지나더라도 삶은 크게 달라지거나 나아지지 않을 확률이 높습니다.

그래도 당장 먹고살아야 하기에 수많은 직장인이 오늘도 아침 일찍부터 소위 '지옥철'에 몸을 싣습니다. 회사를 관둘 수도 없는 노릇이고, 그렇다고 이런 삶을 계속 산다고 해도 탈출구는 보이지 않습니다. 사정이 이렇다 보니 '한탕주의'라는 유혹의 덫에 많은 분이 쉽게 걸려듭니다. 이런 한탕주의의 결과가 어떨지는 굳이 설명하지 않아도 누구나 쉽게 짐작할 수 있습니다.

필자는 냉정한 자본주의 시스템에 잘 적응하고 행복한 삶을 살려면 자본주의와 돈을 제대로 배워야 한다고 생각합니다. 특히 부자가 되는 방법에 대해서는 두말할 것도 없습니다. 부자가 될 수 있다는 확실한 믿음을 갖고 어설픈 공부가 아니라 제대로 된 공부를 해야 합니다. 그리고 유행만 좇는 투자는 멀리하고 진정한 투자, 제대로 된 투자를 실행해야 합니다. 우리가 사는 자본주의 사회에서는 '투자'라는 행위 없이는 절대 '부자'가 될 수 없기 때문입니다.

자본주의資本主義란 말의 뜻 그대로 자본을 중심으로 돌아가는 사회입니다. 여기서 살아남고 앞으로 나아가려면 투자라는 능력을 반드시 갖추어야 합니다. 이렇게 부자가 되는 길은 크게 세 단계로 나누어볼 수 있겠습니다.

① 최대한 이른 시기에 얻는 돈에 대한 깨달음
② 제대로 끈기 있게 하는 공부
③ 믿음과 용기를 바탕으로 한 실행

이 3단계를 거친다면 여러분도 부자가 될 수 있습니다. 좀 더 정확히 말하자면 돈 때문에 하기 싫은 일을 하지 않아도 될 자유를 얻습니다. 그 이상의 돈은 각 개인의 선택 영역입니다. 중요한 것은 일정 수준 이상의 자산을 확보함으로써 하기 싫은 노동, 만나기 싫은 사람으로부터 해방되는 일입니다. 우리네 삶은 하고 싶은 일만 하면서 살기에도 짧습니다. 이토록 중요한 인생에서 하기 싫은 일을 억지로 해가며 사는 것만큼 고통스러운 일도 없습니다.

서울 아파트 가격이 비싸다고 해서 절대 포기하거나 좌절하지 마십시오. "거품이네" "아파트 가격이 앞으로 어떻게 되겠네"라는

자본심資本心

말들에 휘둘리거나 속지 마십시오. 거품이라고 한들 현재 젊은 세대가 단번에 서울 아파트를 마련할 수 있을 만큼 가격이 크게 내려가는 일은 어차피 절대로 일어나지 않습니다. 그럴듯한 내 집을 한방에 마련하겠다는 생각은 헛된 바람입니다. 하루빨리 생각을 바꾸어서 현재 시점에서 내가 할 수 있는 현실적인 투자를 서둘러서 시작하시기 바랍니다.

지나고 보니 부자가 되는 데 있어서 가장 큰 장애물은 바로 내 안에 있었습니다. 제대로 알아보지도 않고 어설픈 편견과 선입견에 나를 가두는 일이 가장 큰 걸림돌이었습니다. 절대로 부자도 아닌 주변 사람들의 이야기나 주변 환경에 갇혀서 자신의 가능성과 희망을 포기하지 마시길 바랍니다.

단언컨대, 부자가 되기 가장 좋은 시기는 지금입니다. 지금도 부자가 될 수많은 기회가 당신 곁을 스쳐 지나가고 있습니다. 돈이란, 그리고 투자란 아는 만큼 보이기 마련입니다. 여러분의 가능성을 스스로 과소평가하지 마세요. 나도 자본주의 사회에서 부자가 되어서 우뚝 설 수 있다는 믿음, 즉 자본심資本心을 늘 간직하시기를 바랍니다. 그 시작점에서 이 책이 여러분에게 작은 도움이 되기를 바랍니다.

2022년 가을

김수영

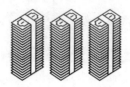

PART 2
KNOWLEDGE, 부동산 투자를 알면 성공한다

PART3
SKILL, 실전 부동산 소액 투자가 정답이다

자본주의 세상에서 돈과 부富의 중요성을 강조하는 것은 당연하다. 일단 스스로 동기를 부여하는 일이 중요하다. 나도 부자가 될 수 있다는 생각, 즉 부자 마인드를 갖추는 마인드 세팅mind setting부터 시작해보자.

자본주의에서는 돈이 많은 것을 해결해준다. 사람들은 부귀영화까지는 아니더라도 자존심을 지키며 사는 삶, 남에게 손을 벌리기보다는 베푸는 삶을 살기를 원한다. 그래서 다들 부자가 되려고 하는데, 이것이 바로 자본심이다.

그런데 많은 이가 부자의 길로 가고자 해도 올바른 방법을 찾기가 매우 어렵다. 정말 부자가 되고 싶은가? 그렇다면 일단 생각부터 바꾸자. 비록 지금은 부자가 아닐지라도 부자처럼 생각하고, 부자가 되는 행동을 하나씩 실천하자. 부자 되기를 가로막는 생각과 환경을 스스로 극복하려는 의지를 갖추는 것도 빼놓을 수 없다.

필자는 부자가 되고 싶다면 가장 먼저 생각이 바뀌어야 한다고 믿는다. 기존의 고정관념이나 유행에 뒤처진 생각들을 하나씩 털어내야 한다. 이런 마인드 세팅이 부자의 길로 가는 첫걸음이다. 그리고 부자가 되는 길로 한 걸음씩 걸어가면 된다. 그 길은 여러 가지가 있는데, 현재 대한민국 사회에서는 부동산 투자가 가장 효과적인 방법이다.

PART 1

MIND,
부자처럼
사고하고 실천하라

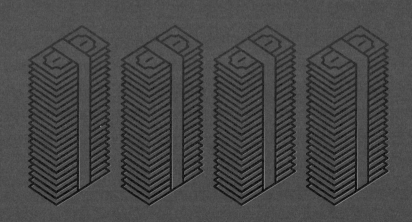

01
—

돈이 없으면
어떤 일이 벌어질까

모든 직장인은 나이와 성별, 그리고 전문직이냐, 일반직이냐에 따라서 버는 수입이 모두 다르다. 자기 수입이 얼마인지 밝히는 일도 예민한 문제다. 매일 옆에서 얼굴을 마주하며 일하는 동료의 연봉이 얼마인지도 잘 알 수 없다. 그런 것은 철저히 비밀이다. 연봉이나 월수입에 따라서 눈에 안 보이는 계급이 자기도 모르는 사이에 저절로 정해지기도 한다.

자신이 현재 버는 돈에 만족하는 사람은 드물다. 대부분은 당연히 더 많이 벌기를 원한다. 그런데 액수로 따지자면 대부분 벌고 싶은 돈의 기준이 명확하지 않다. 오로지 '어제보다 더 많이 벌고 싶다!'라고만 생각한다. 때때로 우리는 자신의 가치나 철학과 동떨어진 일일지라도 돈이 된다 싶으면 기꺼이 나를 희생하며 그 일을 떠맡기도 한다. 돈으로 보상받을 수 있다면 자존심 정도는 잠시 누그러트릴 수도 있다.

그래서 경제적 자유를 꿈꾸는 사람들의 마음속에는 '돈을 더 벌기 위해서 감정과 자아를 팔아가면서 하기 싫은 일을 더는 억지로 하기 싫다!'라는 반항심이 있는 듯하다. 경제적 자유를 하루라도 빨리 이루어서 내 자존심을 지키고 싶은 것이다. 인간에게 자존심은 그만큼 중요한 주제다.

그럼 가장 먼저 돈의 기능에 대해 본격적으로 살펴보자. 돈은 어떤 기능을 가졌을까? 여러 가지 기능 중에서 가장 기본적인 기능은 '교환의 기능'이다. 인간은 절대 포기하거나 버릴 수 없는 기본 욕구들, 이를테면 먹고 싶은 것, 갖고 싶은 것, 하고 싶은 것의 욕구를 돈과 맞바꾸어서 충족한다. 힘이 세다고 먹고 싶은 것을 남에게서 강제로 빼앗거나 머리가 좋다고 술수를 부려서 원하는 것을 얻는 행위는 이 시대에서는 범죄다. 즉, 돈이 없다고 죄가 되지는 않지만, 돈으로 교환하지 않고 나의 욕구를 채우는 일의 대부분은 범죄가 될 수 있다. 더 극단적으로 말하자면 자본주의 시스템에서 돈의 유무는 없는 죄를 만들기도 하고, 있는 죄를 없던 일로 바꾸기도 한다. 이토록 무시무시한 존재가 돈이다.

다시 욕구 이야기로 돌아가 보자. 내가 어떤 서비스를 받고 싶다면 돈과 교환해야만 가능하다. 세상에 공짜는 없는 법이다. 결국 사람들이 돈을 벌고 싶은 이유, 그리고 더 많이 벌고자 하는 까닭은 내가 살고 싶은 집, 배우고 싶은 교육, 하고 싶은 일 등을 마음껏 누리고 싶기 때문이다. 이처럼 교환의 기능은 돈의 대표적인 기능이자 본연의 가치다. 그래서 사람들은 오늘도 자기 삶에 더 좋은 가치를 부여하고자 부자가 되려고 애를 쓴다.

혹시 돈이 없어서 아쉬운 소리를 해본 경험이 있는가? 수중에 돈이 부족하거나 없으면 아쉬운 소리가 절로 나온다. 주변 사람의 눈치를 보거나 어떤 일을 내가 원하는 상황으로 만드는 데도 한계가 생긴다. 결국 돈이 문제다. 필자는 아쉬운 소리를 정말 싫어한다. 특히 돈이 없어서 나오는 아쉬운 소리는 정말 싫다.

그런데 놀라운 사실은 돈이 있으면 아쉬운 소리가 저절로 줄어든다는 점이다. 돈이 생길수록 자신감이 넘치고 당당해진다. '희망의 바구니'를 뜻하는 '버킷리스트^{bucket list}'의 반대말로 '더킷리스트^{duck it list}'라는 말이 있다. 내가 꼭 하고 싶은 일들의 목록이 버킷리스트라면, 하기 싫고 피해야 하는 일들의 목록이 더킷리스트다. 하기 싫은 일을 안 해도 되는 자유, 돈은 그런 자유를 제공한다.

필자는 어린 시절에 '내가 원하지도 않는 일을 굳이 시간을 들이고 감정을 팔아가면서까지 꼭 해야 하는가?'라는 질문을 많이 했다. 유치한 말일 수도 있겠지만, 그때는 지옥철을 타고 영혼 없이 출퇴근하는 일을 상상하기조차 싫었다. 그렇게 살고 싶지 않았다. 내 삶이 바뀌고 풍요로워지는 것도 아닌데, 하기 싫은 일을 하러 지옥철로 출퇴근해야 하는 이유를 도무지 알 수 없었다.

"꼭 부자가 되어야 하나요?"

"많은 돈을 벌 필요가 있을까요?"

　필자가 종종 듣는 질문이다. 그런데 사실 이런 질문을 하는 정확한 의도를 잘 모르겠다. 현재 부자가 아니므로 방어기제가 작동해서 하는 질문인가? 아니면 정말 궁금해서 하는 질문인가? 다만 짐작건대 이런 질문은 돈과 행복의 연관성에 관한 질문일 것이다. 누구나 많은 돈을 벌기를 원하지만, 돈이 많다고 해서 행복이 절대적으로 커지는 것은 아니다. 오히려 돈이 많으면 그만큼의 걱정과 고민거리가 함께 따라온다. 즉, 많은 돈이 행복의 기준이 되는 것은 아니다.

　그러나 반대로 부족한 돈은 충분히 불행의 잣대가 된다. 비록 누군가가 "난 돈이 없어도 잘 견딜 수 있다"라고 말한들, 그 사람의 가족도 돈 없이 잘 견딜 수 있을까? 그래서 사람은 누구나 최소한 가족의 욕구와 필요를 해결하는 데 부족하지 않을 정도의 돈은 필요하다.

　가난이 대물림되는 것보다 더 무서운 것은 가난한 생각의 대물림이다. 가난한 부모 밑에서 자란 자녀의 마음에는 가난의 트라우마가 자리 잡을 수도 있다. 겉으로 내색하지는 않아도 자신도 모르는 사이에 가난의 습관이 행동으로 나타난다. 그래서 '가난'이라는 부모의 정서가 자녀에게 전염되는 것은 그만큼 더 무서운 일이다.

　　　　　　　　　　　　　　　　　　　　　자본심資本心

결국 사람은 돈이 필요하고 돈을 벌어야 한다. 부동산 투자와 관련해서 뒤에서 다시 말할 기회가 있겠지만, 가난한 부모의 가치관이 자녀에게 대물림되면 자녀도 평생 부정적인 생각을 가지고 살아갈 수밖에 없다.

"먹고살기도 힘든데 쓸데없는 소리 한다!"
"잘 알지도 못하면서 투자는 무슨 투자야?"

필자 역시 어린 시절에 이런 이야기를 간혹 듣곤 했다. 누구나 이런 이야기를 들으면 마음이 흔들린다. 부모로부터 알게 모르게 전달받는 부정적인 기운은 학습이 된다. 그리고 생각과 행동으로 나타난다. 하고 싶은 것을 참도록 만들고, 눈치까지 보도록 만든다. 더군다나 자존심을 구겨가면서 아쉬운 소리까지 하는 습관이 몸에 밴다. 그래서 내 가능성이 더 훼손되고 무너지기 전에 나만의 자본심을 세우는 일은 정말 중요하다.

가난에 익숙해지면 하기 싫은 일을 억지로 하며 살면서도 위기의식을 못 느낀다. 극단으로 내 영혼을 갉아먹는 무서운 일이 벌어지는 것이다. 이게 다 무엇 때문에 벌어졌을까? 무시무시한 돈 때문이다.

앞에서 돈이 많아야 꼭 행복한 것은 아니라고 말했다. 그렇지만 돈이 없으면 불행할 가능성이 더 커진다. 따라서 돈은 벌 수 있는 만큼 벌자는 것이 필자의 생각이다. 유튜브에서도 소개했지만, 책을 통해서도 이 내용을 꼭 한 번 더 짚어보고 싶었다. 돈의 기본적인 기능이야 다들 아는 내용일 테고, 우리 삶에서 단 한 순간이라도 돈이 없거나 가난해서는 안 되는 이유에 대해서 말하고 싶었다.

돈이 부족하다는 것은, 그 누구도 아닌 바로 내 영혼을 갉아먹는 일이 될 수 있다. 교환의 기능을 넘어서 돈이 우리 삶에서 차지하는 비중은 그만큼 어마어마하다. 모쪼록 돈을 벌고자 하는 욕망을 스스로 한껏 끌어올리기를 바란다. 어디까지 벌 수 있을지 구체적인 계획을 세우고, 계획으로 그치지 말고 직접 행동해야 한다.

자본심資本心

02
—
운명을 바꾸려면
부자 혁명을 일으켜라

운명을 스스로의 힘으로 바꿀 수 있을까? 아니, 그보다 먼저 타고 난 운명이란 게 있기는 할까? 운명을 믿는 사람도 있을 것이고, 안 믿는 사람도 있을 테지만, 운명 이야기를 한번 해보겠다. 필자는 막 20살이 되었을 때 남들보다 심각한 사춘기를 겪었다. 대부분은 청소년 시절에 겪는 사춘기를 성인이 되어서야 보냈다. 남들과 달리 늦게 찾아온 사춘기였다. 그래서였을까, 유독 심한 생채기를 남긴 사춘기를 보냈다. 과거에 출간했던 책에서는 이런 이야기를 자세히 밝히지 않았지만, 아무튼 그랬다.

군이 지난 이야기를 꺼내는 이유는 필자의 유튜브 방송 구독자나 기존의 책을 읽은 독자 중에서 상당수가 20~30대, 즉 MZ 세대

이기 때문이다. 그들 역시 필자가 20살 시절에 했던 고민을 하면서 이 시대를 살아간다. 그래서 운명 이야기를 해보고 싶었다. 젊은 MZ 세대에게 필자가 겪은 일을 들려주는 것은 의미가 크다고 생각한다.

10대 시절에는 굉장히 모범적인 학생이었다. 그러다가 사춘기가 찾아왔고, '인생이란 뭘까?' '우리는 왜 살까?' '나중에 어떤 직업을 가질까?' 등의 고민에 빠졌다. 이런 고민을 거듭하며 거의 1년 동안 아무도 만나지 않고 은둔하며 생활했다. '나는 무엇을 좋아하고, 왜 살까?' '부모는 나에게 어떤 존재일까?' '결혼을 꼭 해야 하나?' '돈은 무엇이고 얼마나 벌어야 할까?' 등의 고민이 끝없이 밀려왔다. 물론 속 시원한 답이 나올 리 없었다.

지금 생각하면 웃음이 나지만, 당시에는 고민이 너무 많아서 신부나 스님 등 종교인이 되어볼까도 심각하게 고민했다. 그러나 종교로 귀의하기에는 물욕이 너무 많은 성격임을 잘 알았기에 이내 포기했다.

그때는 온갖 고민과 생각이 꼬리에 꼬리를 물고 이어졌다. 그리고 마침내 현실적인 고민과 마주했다. 부모님과 집안에 대한 고민이었다. 누구나 자신의 가정환경이 삶에서 차지하는 영향력은 어마어마하다. 부모가 미치는 영향력도 마찬가지다.

돌이켜보면 '21살의 나이에 내가 어떻게 부동산 투자를 시작할 수 있었을까?'라는 생각을 할 때마다 새삼 놀라곤 한다. 아마 돈으

자본심資本心

로부터 자유로워지고, 월급을 받는 직장인 대신 다른 것을 해야 한다는 고민의 결과가 부동산 투자라는 선택으로 나를 이끈 것 같다. 나를 둘러싼 환경과 운명을 바꾸고자 내린, 두려우면서도 고독한 결정이었다. 남들과 달리 필자는 그런 방향으로 머리가 좀 일찍 틔었던 것 같기도 하다.

즉, 필자에게 직장에 다니며 월급쟁이를 한다는 생각은 애초부터 없었다. 구체적인 방향까지는 몰라도 막연하게나마 사업을 하고, 자산가가 되기를 원했다. 이런 결론을 내리게 한 것은 나를 둘러싼 주변 환경 때문이었다. 집안이 완전히 망한 것은 아니었지만, 어린 내가 느끼기에는 나라도 무엇이든 해야 한다는 압박감이 드는 상황이었다.

그때 깨달음을 얻었다. '타고난 운명의 길에서 벗어나자! 내 운명은 스스로 만들어가자!'라는 깨달음이었다. 그것은 일종의 혁명이었다. 평범한 직장인의 길 대신 다른 방법을 고민하다 부동산 투자를 하게 된 내 운명은 그렇게 시작되었다.

나를 둘러싼 환경, 그것이 계속 나를 잡아당기는 느낌을 혹시 아시는가? 아무리 벗어나려 해도 기필코 나를 원래 자리로 돌려놓는 운명의 힘 말이다. 당시 나는 그 힘을 느꼈다. 타고난 운명을 믿는 편은 아니지만, 보이지 않는 운명이라는 힘이 나를 끌어당긴다는 느낌이 들 때마다 놀랍고 무서웠다. 아무리 발버둥을 쳐도 주어진 삶의 틀인 운명에서 벗어나기 힘들 거라는 두려움도 있었다.

가난하게 태어난 사람이 부자가 되는 것은 '엄청난 일'이다. 그런 일은 다른 말로 표현하면 '혁명'과도 같다. 혁명은 개혁이다. 단순히 '돈을 열심히 모아서 잘 투자하면 부자가 되는 것 아니야?'라는 생각과는 차원이 다르다.

내가 앞으로 나가려고 할수록 내 운명—예컨대 부모, 형제, 집안, 친인척, 유년 시절의 습관 등—이 나를 원래 자리로 다시 돌아가도록 강력하게 끌어당겼다. '열심히 모은 돈으로 투자해서 더 많이 벌겠다!'라고 생각하는 순간마다 타고난 운명이 나를 계속 가난에 머물게 했다. 가난을 끊고 새로운 삶을 살고 싶은데, 잘될 만하면 운명은 여지없이 나를 제자리로 돌려놓았다. 생각지도 못한 문제나 사건이 발생해서 의지를 꺾으려고 했다. 그렇게 부자가 되려는 의지와 내 운명은 치열한 싸움을 거듭했다.

농담 반, 진담 반으로 우스갯소리를 하나 해보겠다. 만약 여러분이 로또 1등에 당첨되면 어떻게 할 것인가? 즉, 무려 약 1/814만이라는 확률을 뚫고 1등에 당첨되었다면 가장 먼저 해야 할 일은 무엇일까? 답은 우선 자기가 살던 동네에서 떠나는 것이다. 주변에 당첨 사실을 알리지 말고 조용히 살던 동네에서 떠야 한다. 나를 묶어두려는 환경, 가난에서 떨어지라는 이야기다.

참 말도 안 되는 소리를 한다고 생각하는 사람도 있을 것이다. 그러나 눈에 보이지 않는 분위기, 환경이 내 삶에 역학적으로 작용

　　　　　　　　　　　　　　　　자본심資本心

한다는 것을 필자는 믿는다. 이는 과거에 직접 느낀 일이기도 하다. 나를 옭아매려는 것들로부터 벗어나서 내 주변을 모두 바꾸어야 한다. 운명의 전환이다. 부자 혁명은 그렇게 시작된다.

필자는 남들보다 이른 나이에 제법 많은 돈을 벌었다. 돈 좀 있다고 자랑하고 싶은 것이 절대 아니다. 실제로 부동산 투자로 성과를 냈고, 강연, 방송, 책 출간 등으로 사람들과 부동산 투자 경험을 공유했다. 그리고 1년 전부터는 유튜브 영상을 통해 젊은 MZ 세대의 이야기를 듣고 그들과 피드백을 주고받고 있다.

영상을 시청하는 대부분의 구독자는 부자가 되고 싶은 사람들일 것이다. 실제로 그들의 이야기를 듣거나 상담해보면 저마다 사연이 있다. 무엇보다 그들이 젊은 나이에 투자에 눈을 떴다는 것은 그 자체로 칭찬받을 만하고 대단한 일이다. 그런데 부동산 투자로 부자가 되겠다고 결심한 사람들의 이면을 들여다보면 다들 나름의 아픔이 있다. 상처 없이 평탄하게 살아왔다면 그런 결정을 내리기 힘들었을 것이다.

인간이라는 존재는 자신이 처한 상황, 환경, 분위기에 적응하는 데 능하다. 그래서 주어진 운명, 즉 자신의 백그라운드에 자연스럽게 순응하게 된다. 한 번 순응하면 벗어나기가 정말 어렵다. 그러나 부자가 되고자 하는 사람들은 반드시 선택을 해야 한다. 선택은 둘 중 하나를 고르는 것이다. 순응하든가, 혁명을 이루든가!

필자는 혁명을 선택했다. 21살에 '내 인생에 혁명을 일으키겠다!'라고 다짐하며 부동산 투자에 나섰고 운 좋게 성과를 냈다. 여러분도 부자가 되고자 한다면 운명을 바꿀 혁명을 일으켜야 한다.
운은 혁명을 이루려는 자를 따라간다.

03 — 혁명을 방해하는 것에 끊임없이 저항하라

만약 여러분이 부자가 되려는 일념으로 수년간 악착같이 월급을 모으고 종잣돈을 만들어서 이제 본격적으로 투자하기로 결심했다고 해보자. 그리고 가족과 주변의 지인, 친구들에게 타고난 운명에서 벗어나 부자가 되는 혁명의 길로 가겠다는 결심을 털어놓는다면 주로 어떤 이야기를 듣게 될까?

"대단하네! 종잣돈 2,000만 원으로 한번 잘해봐!"
"투자 같은 소리 하고 있네. 지금 시장 분위기가 폭삭 망했는데, 너 혹시 투기꾼이냐?"

아마 이 두 가지 이야기 중에서 후자의 이야기를 듣게 될 확률이 더 높다. 이런 말을 들으면 화가 나는 차원을 넘어서 심하면 절망감까지 들 것이다. 나는 내 삶을 바꾸어서 부자가 되고 싶은데, 부모든, 친구든 누구도 나를 지지하지 않는다. 주변에 나를 응원하는 사람이 없다.

물론 그렇다고 해서 이들이 어리석은 부모라거나 나쁜 친구라는 이야기는 절대 아니니 오해하지 말기를 바란다. 그들이 나쁜 게 아니다. 이들은 부자가 되어본 경험이 없으니까 하나도 도움이 안 될 시시콜콜하고 일반적인 말만 들려주는 것이다. 다만 그런 말을 들으면 용기가 꺾이고 혁명을 일으키겠다는 다짐이 무너질 수도 있다는 것을 말하고 싶다. 주위를 둘러봐도 내 혁명을 방해하는 것들뿐이다. 그래서 누구나 인생을 바꾸기가 참 쉽지 않다.

그렇다면 어떻게 해야 좋을까? 이런 방해물은 과감히 끊어내고 멀어져야 한다. 물론 정말 어려운 일이자 결정이다. 지금 내 삶이 마음에 안 들지언정 그동안 살아온 내 삶도 결국 나의 것 아닌가. 잘났든, 못났든 내 삶과 환경을 부정하고 새로운 변화를 도모하는 것은 어지간한 뚝심과 결심, 그리고 실천이 뒤따르지 않으면 이루기 힘들다.

다들 부자가 되기를 원하지만, 몇몇 사람만 부자가 되는 이유가 여기에 있다. 그동안 내가 살아온 삶을 부정하는 일, 나를 둘러싼 환경에 맞서서 변화를 선택하는 일은 부자로 가는 여정에서 누구나 마주하는 통과의례다. 유튜브 채널을 보면 꽤 성공한 사람이나

자본심資本心

부자들의 이야기를 다룬 콘텐츠가 넘친다. 그런 영상을 시청하며 마음속에 꾹 억눌러놓았던 부자의 길을 이제는 열심히 따라서 걸어보겠노라 결심해도 주변의 사람들과 환경이 돕지 않으면 대부분 결심에 그치고 만다.

진짜 혁명가가 되기를 원하는가? 그래서 삶을 바꾸겠다면, 주변에서 들리는 이야기에 귀를 막을 필요가 있다. 철저하게 혼자가 되어야 한다. 혼자 결정하고 판단을 내리는 시간을 가져보자. 소중한 부모든, 친구든, 또 그 누구든 간에 혁명을 방해하고 열정을 갉아먹는 말을 하는 존재가 있다면 귀를 닫자. 마음이 이리저리 휘둘러서는 안 된다. 에너지 넘치는 응원과 조언에는 당연히 마음을 열되, 부정적인 이야기는 무시해도 좋다.

나를 둘러싼 기존의 익숙한 것들을 끊어내지 않으면 절대로 앞으로 나아갈 수 없다. 끊어내지 않으면 나아가려고 할 때마다 고무줄처럼 다시 나를 원래 자리로 돌아오도록 하는 무서운 역반응을 경험할 뿐이다. 그러니 냉정하게 끊어내자. 이게 안 되면 인생은 절대 바뀌지 않는다.

자꾸 현실에 순응하는 자신을 느낀다면 어떤 일이 도움이 될까? 일단 순응에 저항해야 한다. 한 번이라도 순응하고 끌려가면 다시 돌아오기가 어렵다. 이겨내려는 의지로 흔들리는 자신을 다잡아야 한다. 어지러운 마음은 좋은 책, 좋은 글, 좋은 영상을 보면서 나름대로 정리하고 다잡을 수 있다. 여러 콘텐츠를 접하며 꺼져가는 의욕에 다시 뜨겁게 불을 지피는 것도 도움이 된다. 이런 처방과 솔루션은 스스로에게 거는 일종의 자기 최면이기도 하다. 숱한 장애물을 뛰어넘어서 부자가 되고, 삶에 혁명을 일으키겠다는 결심, 리마인드다.

그리고 하나 더, 몸을 움직이는 것도 중요하다. 우리가 착각하는 게 있다. 생각이 몸을 이끌까, 아니면 거꾸로 몸이 생각을 변화시킬까? 실제 우리 삶을 떠올려보면 알 수 있다. 생각보다 몸이 앞서는 게 정답이다. 결심하고 생각만 한 채로 몸이 움직이지 않으면 아무짝에도 쓸모가 없다. 생각에만 그치면 몽상가다. 사람들은 한 발 더 나아가 행동하고 실천하는 사람에게 혁명가라는 이름을 훈장처럼 달아준다.

내 결심이 조금씩 흐려지고 마음이 나태해지려 한다면 몸을 움직여서 땀을 흘리는 것도 좋은 방법이다. 규칙적으로 운동해서 땀을 흘리고 나면 정신이 맑아지는 것을 느낄 수 있다. 사소하고 작은 일들이지만, 이런 작은 일들이 모여서 커다란 일이 되고 결국 내 삶을 바꾼다.

지금 말한 행동은 필자 역시 시간이 날 때마다 실천하는 일들이라는 것을 말하고 싶다. 소소한 일이라고 해서 무시하지 말자. 모두 나의 타고난 운명을 바꾸고 에너지를 끌어올리는 일이다.

이처럼 가난을 끊어내고 부자가 된다는 것은 단순한 이야기가 아니다. 필자도 뭔가 일이 좀 될 만하면 주변에서 이상한 일이 벌어질 때가 많았다. 진짜 그랬다. 집에 사고가 나거나 뜬금없이 누군가가 아픈 일이 생겼다. 그럴 때마다 마음이 힘들어서 속된 말로 돌아버릴 것만 같았다. 이럴 때 주변 사람들에게 내 상황을 털어놓고 고민을 말해도 도움이 되는 이야기를 듣기가 어려웠다. 누구나 해줄 수 있는 말잔치 또는 핀잔뿐이었다. 돌이켜보면 이런 것들도 나의 혁명을 방해하는 운명의 장난질이었다. 혹여라도 여기에 익숙해지면 나중에는 화조차 나지 않는다. 그리고 결국 팔자타령을 하며 포기한다.

"내 운명이 이렇구나."
"내 팔자가 늘 이렇지, 뭐."

이런 순간을 이겨내야 한다. 좋은 책, 글귀, 영상을 보며 마음을 다잡고 땀 흘리며 운동해야 한다. 순응하지 말고 저항하면 삶이 서서히 바뀐다. 그리고 더 나은 방향으로 길이 열린다. 나를 짓누르던 고통도 하나씩 극복하고 나면 추억이 될 뿐이다.

누구나 자신의 운명을 탓하고 고민하는 시간을 한 번쯤은 겪었을 것이다. 이때 정답을 찾지 못해서 넘어질 수도 있다. 그러나 좌절하지 말자. 내 인생에서 혁명을 일으켜서 앞으로의 삶을 바꾸겠다는 의지와 동기를 마음에 새겨야 한다. 굳이 돈이 아니더라도,

내 삶에 중요한 가치가 되고 인생을 바꿀 그 무엇을 반드시 이루겠다고 다짐하는 것은 매우 중요하다. 그리고 행동에 나서자. 의지와 행동은 운명을 바꾸고 혁명을 이루는 데 꼭 필요한 것들이다.

04
—

부모와 환경을
원망하지 마라

내가 부자가 아닌 이유에 대해 생각해본 적이 있는가? 간단명료하고 이해하기 쉽게 말하면 먼저 내 부모가 부자가 아니기 때문이다. 그럼 왜 그들은 부자가 아닐까? 그 이야기를 해보겠다. 솔직히 부모 이야기는 필자가 감히 말할 처지도 아니고, 이 책의 주제에서 살짝 벗어날 수도 있다. 그리고 그런 말을 할 깜냥도 안 되기에 더 조심스럽다.

다만 필자가 20대 초반부터 종잣돈을 모으며 느꼈던 이야기를 소개하려다 보니 부모 이야기가 자연스럽게 나오게 되었다. 어쨌든 부자가 아닌 사람이라면 부자가 되어가는 과정에서 한 번쯤은 이런 생각을 해볼 것이기에 이 이야기를 해보고자 한다. 주로 다음의 두 가지 생각에서 출발한다.

'난 반드시 부자가 되고 말겠어!'
'우리 부모님은 왜 부자가 아닐까?'

부자가 아닌 부모를 보면 마음속에서 꼭 부자가 되겠다는 열정이 끓어오른다. 이와 동시에 다른 한쪽에서는 부자가 아닌 부모나 환경에 대한 원망이 자라난다. 같은 상황, 대상을 보며 느끼는 전혀 다른 두 가지 감정, 즉 양가적兩價的인 감정이 생긴다. '왜 우리 부모님은 부자가 아닐까?' 다시 말하지만, 이 이야기는 무척 조심스러운 주제다.

사람들은 저마다 사연이 있다. 특히 가족과 관련된 이야기라면 누구나 말 못 할 사연을 하나쯤은 갖고 있다. 당사자나 타인에게 차마 하지 못한 말들도 많을 것이다. 혹자는 남들처럼 부자가 아닌 부모를 원망할 수도 있다. 가령 이런 가정이 있을 수 있다. 부모가 성실하지도 않고 평생 요행만 바라며 가정을 등한시한 결과로 부자가 아닌 가정 말이다. 그런 가정에서 자라서 매일 가난에 쪼들리고 살아야 한다면 부모를 이해하는 마음 대신에 원망의 마음이 더 클 게 분명하다.

정반대의 사례도 있다. 예컨대 어떤 부모는 한평생 휴일도 반납한 채로 늘 열심히만 살았다. 뼈 빠지게 평생 가족만 바라보며 고생하고 살았지만, 결국 부자가 될 수는 없었다. 이런 경우라면 대개 원망이나 섭섭한 마음이 안 생긴다. 오히려 철이 들고 나이가 들수록 그간 몰랐던 부모의 진심을 이해하게 된다. 평생 나를 위해 열심히 사신 부모님에게 감사하게 되는 것이다.

그런데 꾀부리지 않고 열심히 사실 줄만 알았지, 금융이나 투자, 재테크와는 거리가 멀었다면? 또 투자 지식이 부족해서 남들이 투자로 돈을 벌 때 그저 성실함으로만 세상을 살아오셨다면? 이런 부모를 원망할 수 있을까? 원망보다는 부모님이 살아온 인생이 짠하고 안쓰러울 것이다. 이처럼 부모 이야기는 수많은 사례가 있다. 부자가 아닌 부모라 해도 다들 속사정이 있다.

필자 역시 한때는 집안을 원망하던 시기가 있었다. 조심스럽지만 그 이야기를 해보자면, 어머니는 돈에 대해 아무것도 모르는 분이셨다. 그러나 자식들 사랑만큼은 누구에게도 뒤지지 않을 만큼 대단하셨다. 그 결과로 나와 여동생은 어머니의 사랑을 많이 받고 자랐다. 한편 아버지께서는 소싯적에 작은 사업을 하셨다. 한창 사업이 잘 풀리던 시기에는 집안의 현금 흐름이 꽤 괜찮았다. 그러나 아버지는 재테크라든가 투자에는 문외한이셨다. 그래도 일이 잘 풀릴 때는 가족 모두 불편함 없는 생활을 했다.

하지만 사업이란 게 늘 잘되리란 법은 없다. 어느 순간부터 아버지 사업에 슬럼프가 찾아왔다. 조금씩 사업 운이 꺾였고, 공교롭게도 필자가 성인이 되어 대학교에 진학하던 시기와 아버지 사업의 하락 시기가 맞아떨어졌다. 그래서 필자가 남들보다 더 심한 사춘기를 겪었는지도 모를 일이다. 어쨌거나 그 결과로 필자는 부모로부터 땡전 한 푼 받은 게 없다. 부자 부모가 아니었기에 나 또한 남들처럼 작은 원망이 싹텄다. 물론 낳아서 먹여주시고, 키워주신 일에 대한 고마움은 그 어떤 말로도 대신할 수 없다. 하지만 마음속에 왠지 모를 서운함이 자라나는 것 또한 어쩔 수 없었다. 물론 그렇다고 해서 엄청나게 불평하고 원망한 것은 아니었다. 다만 내 원망은 다른 곳에 더 큰 뿌리를 내리게 되었다.

가난에서 벗어나서 부자가 되려고 결심한 필자의 생각에 아버지는 동의하지 않았다. 그 부분이 가장 속상했다. 물론 갓 성인이 된 아들이 겁도 없이 투자를 해보겠다고, 그것도 부동산 투자에 나서겠다고 하면 흔쾌히 동의할 부모는 지금도 많지 않을 것이다. 그래도 당시의 필자는 투자에 대한 가치관이 다른 아버지를 이해할 수 없었고 그런 의견 차이가 답답했다. 형편에 여유가 넘쳤다면 투자 생각까지는 하지 않았을 것이다. 애쓰거나 고민하지 않아도 자연스럽게 제공되는 여유를 누리며 잘 살면 그만 아닌가.

그러나 당시 필자의 집안은 그런 상황이 아니었기에 자연스레 투자의 길에 들어서겠다고 생각했고, 이런 내 생각을 수용하지 않는 아버지와 부딪치게 되었다. 그리고 그럴수록 경제적 자유가 제한된 삶에서 벗어나야 한다는 생각이 더욱더 굳어져갔다. 결과적으로는 부동산 투자를 선택했고, 운이 따라주어 마음의 상처를 보상받을 수 있었다. 하지만 부자父子 사이의 견해 차이와 그로 인해 생긴 상처가 아물기까지는 생각보다 많은 시간이 필요했다.

부모에게든, 필자에게든 득이 되지 않을 이야기를 이 책에서 굳이 꺼낸 이유는 이렇다. 혹시라도 여러분의 마음 깊은 곳에 부모에 대한 원망이나 아쉬움이 자리 잡고 있다면, 너무 원망하지 말라는 조언을 하고 싶다. 원망하는 마음을 일방적으로 참으라는 이야기가 아니다. 정 못 참겠다면 속내를 보여주어도 흠이 안 될 친구나 동료에게 속 시원히 말하고 털어내기를 권한다.

평생의 원망, 분노를 만들면 마음만 다치고 회복 기간도 더디다. 특히 원망의 상대가 부모라면 더 말할 것도 없다. 그래서 필자는 누군가가 자기 부모를 원망하는 이야기를 꺼내면 "어쩌겠어? 그래도 부모님이니까 네가 이해해야지"라는 식의 조언이나 위로를 삼가는 편이다. 즉, 차마 부모 앞에서는 내색할 수 없는 누군가의 고민을 들으면 "부모님이니까 다 이해합시다!"라는 말을 안 하는 편이다. 오히려 속 시원히 털어놓고 가라고 말한다.

이런 원망을 가진 사람이 있다면 감히 말씀드린다. 원망은 다른 원망을 낳는다. 이런 깊은 원망의 늪에 계속해서 빠져든다면 헤어나오지 못할 수 있다. 원망한다고 해도 내 삶은 바뀌지 않는다. 다만 주변에 속 시원히 말해도 흠이 되지 않을 대상이 1~2명 정도 있다면 털어놓고 편해져라.

사람에게는 크게 밝고 긍정적인 에너지와 어둡고 부정적인 에너지라는 두 종류의 에너지가 있다. 그래서 밝고 긍정적인 사람이 있는가 하면, 매사에 부정적이고 원망만 늘어놓는 사람도 있다. 긍정적인 에너지는 타인에게도 긍정의 에너지를 전달한다. 그래서 함께할수록 시너지가 생긴다. 반대로 부정적인 말이나 원망은 당연히 상대방에게 부정의 에너지를 전달한다. 이런 사람을 만나면 머리가 아프고 마음도 개운하지 않다. 소위 기가 빨려서 그렇다.

우리는 앞으로 살면서 당연히 긍정적인 에너지를 쌓아가야 한다. 특히 누군가를 원망하는 마음은 빨리 지워내야 한다. 원망은 마이너스 감정이다. 설령 부모가 부자가 아니면 어떤가! 내가 부자가 되면 될 일이다. 그러니 부모가 부자가 아니라고 해도 부모를 원망하지 말자.

원망은 나를 좀먹는 일이다. 여러 사람과 상담해주며 고민을 듣다 보면 다들 백인백색百人百色이라 저마다 원망의 대상이나 사연이 다 다르다. 하지만 어떤 원망이라 해도 내 마음속의 원망을 털어내지 못하면 부자로 가는 길에 늦게 들어설 수밖에 없다. 부자가 되려면 내 안에 가득 찬 부정의 에너지를 긍정의 에너지로 바꾸는 과정을 거쳐야만 한다.

2,000만 원이라는 소액으로
처음 투자한 오피스텔 이야기

필자는 직장 생활로는 답이 없다고 생각했다. 그래서 대학생 시절에도 남들처럼 스펙을 쌓고 학점을 관리하는 일, 그러니까 취업에는 별로 관심이 없었다. 그 대신 다소 막연해도 부동산 투자에 마음이 끌렸다.

첫 투자금은 2,000만 원이었다. 경기도 고양시 소재의 원룸 오피스텔이 첫 투자 대상이었다. 그 오피스텔의 시세는 5,000만 원 초반대였는데, 운 좋게 4,000만 원 후반대 금액에 급매물이 나왔다. 평소 그 지역 부동산을 들락거리며 "괜찮은 매물이 나오면 꼭 좀 알려달라"라고 말했던 필자의 발품 덕에 빠르게 정보를 입수할 수 있었다. 중개만 잘해주면 수수료를 더 드릴 수 있다는 나름의 전략도 통했을 것이다.

물론 당시 그 금액으로 주변의 작은 아파트도 살 수 있었지만, 그때 결심했던 생각은 '무조건 월세를 받자!'라는 것이었다. 그래서 자연스럽게 전세는 투자 대상에서 제외했다. 다달이 들어오는 월세, 즉 현금 흐름을 염두에 둔 것이다. 당시는 경의선이 개통을 앞두고 있던 때였다. 마포나 상암에 적籍을 둔 직장인들, 특히 싱글 직장인이 출퇴근용으로 해당 오피스텔에 충분히 입주할 거라고 생각했다. 수익률뿐만 아니라 다른 조건들을 살펴봐도 내가 산 오피스텔의 가격은 내려가지 않을 거라고 확신했다.

돌이켜보면 21살 나의 첫 투자가 내 인생을 바꾼 계기였다. 과외로 아이들을 가르쳐서 꼬박꼬박 모은 2,000만 원! 크다면 크고 적다면 적은 돈이지만, 그 돈은 내 전 재산이었다. 그만큼 열심히 모은 돈이었으니 투자할 때 고민이 컸다. 돈을 버는 일에 투자해서 돈을 더 불리고 싶었다. 어렸지만 부동산에 투자하기 전에 틈틈이 해둔 공부도 큰 도움이 되었다. 누가 시켜서 한 일이 아니다. 스스로 공부하고, 판단했다. 투자 경험도 없이, 겁도 없이 그렇게 종잣돈 2,000만 원으로 첫 집을 산 것은 두고두고 생각해도 놀라운 일이다.

오피스텔을 1채 사고 나니 과외로 만든 종잣돈 2,000만 원을 다 써버린 결과가 되었다. 주머니에 돈이 없었다. 대학생 신분이니 고정 수입이 있을 리 없었기에 다시 과외 아르바이트로 종잣돈을 모아야 할 판이었다. 돈을 다시 모아서 투자하려면 최소 1년 이상 악

　　　　　　　　　　　　　　자본심資本心

착같이 모아야 하는 상황이었다. 어떻게 하면 대학생이 현금을 꾸준히 벌어서 또다시 목돈을 만들 수 있을지 많이 고민했다.

그래서 결정한 것이 좀 더 많이 빠르게 현금을 마련하는 방법, 바로 공부방 운영이었다. 아르바이트로 과외를 하면서 나도 몰랐던 재능을 찾은 터였다. 필자에게는 남을 가르치는 재능이 있었다. 그래서 본격적으로 작은 공부방을 차리고 아이들을 모아서 가르치기 시작했다.

이렇게 공부방을 운영해보니 현금 흐름의 구조를 마련하는 게 중요하다는 것을 깨달을 수 있었다. 공부방 운영이 현금을 만드는 흐름, 즉 캐시 플로cash flow가 된 것이다. 그다음부터는 공부방 운영으로 현금이 어느 정도 모이면 경매에 재투자하는 과정을 반복했다. 경매에 필요한 초기 투자금을 모아서 다시 투자하는 것을 반복한 것이다.

주식도 투자 대상으로 고민했지만, 기분이나 감정에 따라서 어설프게 넣고 빼는 것을 반복하며 주가의 방향에 따라서 일희일비하고 싶지 않았기에 부동산으로 자산을 불려야겠다고 생각했다. 경매는 최초 입찰금만 있으면 상대적으로 저렴하게 집을 살 수 있는 시스템이었기에 마음이 끌렸다.

처음 부동산 투자를 시작했던 2006~2007년은 은행에서 대출이 잘 나오던 시절이었다. 지금은 상황이 많이 달라졌지만, 당시 필자는 LTVLoan To Value ratio(부동산 담보대출 비율) 정책을 최대한 활용했다. 예컨대 5,000만 원짜리 집이라면 80%에서 최대 90%까지, 그러니까 은행에서 약 4,000만~4,500만 원을 빌릴 수 있었다.

그리고 이렇게 대출로 마련한 집에 사람이 들어오면 보증금 500만~1,000만 원에 매달 월세로 40만~50만 원을 받을 수 있었다. 결국 5,000만 원짜리 오피스텔을 내 명의로 하는 데 필요한 돈이 거의 안 드는 셈이었다. 오히려 매달 들어오는 월세로 대출 이자를 갚고도 약간의 돈이 남는 '놀랍고도 신기한 구조'가 대한민국에 존재했다.

물론 경매도 낙찰받아서 잔금을 내야 하는 일정 시기에는 돈이 든다. 하지만 최종적으로 임대까지 세팅을 다 마치면 돈을 금방 회수할 수 있었다. 그렇게 처음 내 집을 마련한 이후로 대학교를 졸업하고 군대에 가기까지 약 5년간 투자금이 거의 들지 않는 소액 경매를 많이 했다. 비록 학생이었지만, 남들보다 빨리 돈을 불리는 방법을 찾아서 실천하고 결과를 만들어냈다. 당시에는 정말 열과 성을 다해서 경제 공부, 돈 공부, 세상 공부를 열심히 했다. 이런 공부를 통해서 앞으로 내가 평생 살아가야 할 자본주의라는 시스템을 이해하려고 했다.

또한 당시에는 다음^{Daum} 카페라는 플랫폼이 유행하던 시기였다. 그래서 부동산 투자 공부는 주로 다음 카페에서 배우는 것이 정석이었다. 이에 필자도 관련 카페에 가입해서 내 첫 투자기를 글로 썼다. 그랬더니 사람들은 내 나이에 놀라고, 어린 나이인데도

자본심資本心

부동산에 대해 가볍지 않은 생각을 가졌다는 것에 한 번 더 놀라워
했다.

시간이 지나자 카페에서 칼럼니스트를 해보라고 제안해왔다.
그렇게 22살의 나이에 처음으로 팬들이 생겼다. 어려도 치열하게
공부하고 투자하는 필자의 이야기에 많은 분이 공감과 응원을 보
내주신 것이다.

남들과 다른 길을 선택한다는 것은 무모한 객기일 수도 있다. 늘
두려운 마음이 들기 마련이다. 확률에 대입해서 이야기해보자면,
정규분포상에서 평균에 근접한 선택을 할수록 리스크가 낮아진
다. 돈을 버는 삶도 마찬가지다. 평균에 근접한 선택, 즉 일반적인
직장인으로 산다면 큰 부자가 되지는 못해도 남들과 비슷한 수입
을 얻을 수 있다.

이런 면에서 필자는 평균과 동떨어진 일을 하고 있었다. 남들처
럼 직장을 얻으려 공부하고 노력하는 평균에서 벗어나 있었다. 주
변의 친구들이 선택하지 않은 길을 가는 것은 외로운 일이었다. 가
끔 '삶에서 가장 중요한 20대 초중반을 이렇게 보내는 것이 맞나?'
라는 생각이 들 때도 있었다. 그렇지만 그보다는 '남들이 가는 길에
과연 나의 몫이 있을까?'라는 의심과 불안이 더 컸다.

무엇보다도 필자는 경제적으로 자유로운 삶, 원하는 것을 누리
며 사는 삶을 동경했다. 치열한 경쟁에 뛰어들어서 남들보다 조금

앞선다 한들, 그래서 좋은 직장에 취업한다 한들 내가 바라는 삶을 살 수 있을까? 평균을 선택하는 순간 내 삶은 평범함 그 이상, 그 이하도 아닌 삶이 될 것만 같았다. 고민이 깊었지만, 고민하는 시간은 짧았다. 그리고 생각을 바꾸었다. 자산을 좀 더 일구기로 결심했다.

그렇게 필자는 부동산 월수입 구조를 늘려가는 방법을 선택했다. 즉, 부동산 투자로 시간이 흘러서 20대 후반이 되면 대기업이나 좋은 직장에 다니는 친구들의 연봉보다 더 많이 버는 수입 구조를 만들겠다고 결심했다. 필자의 예상대로 된다면 남다른 선택에 후회하지 않을 것이었다.

그렇게 다시 몇 년이 흘렀다. 결과는 어떻게 되었을까? 전역 후 30대를 눈앞에 둔 28살 필자의 월수입은 부동산 월세만으로 이미 400만~500만 원 선이었다. 노동하지 않아도 매달 통장에 들어오

| 투자자 김수영의 20대 시절 |

나이별 주요 사건 정리	
21세	첫 부동산 투자 시작
22~25세	공부방 운영으로 현금 흐름 마련 및 부동산 경매 투자 적극 활용
26세	대학교 졸업 후 입대(군 시절에도 부동산 가격 상승으로 자산 가치 상승)
28세	전역(순수 400만~500만 원 월수입 구조 마련)
⇒ 부동산 투자로 노동하지 않아도 돈이 들어오는 월수입 구조를 만들다.	

자본심資本心

는 순수익이었다. 그만큼 나의 20대는 투자에 진심이었다. 돌이켜 보니 나의 20대는 앞의 표처럼 정리해볼 수 있었다.

그 결과를 책으로 엮어서 독자들과 공유했다. '7년간의 돈벌이 분투기'라는 부제를 단 『월급쟁이 부자는 없다』(2014년, 퍼플카우)였다. 몇 년 전부터 사람들의 입에 익숙하게 오르내리던 '경제적 자유'를 필자는 30살이 되기 전에 이룬 셈이었다.

스스로 나에 대해 정의를 내릴 때 이른바 '부동산 전문가'라든가 '부동산 유튜버'라고 생각하지는 않는다. 필자는 자본주의 사회에서 '부동산'이라는 도구를 현명하게 잘 활용한 사람일 뿐이다.

어쨌거나 노동하지 않아도 매달 400만~500만 원 수입이 생기는 파이프라인을 만들고 나니 마음이 든든했다. 지금도 저 정도 수입이면 크게 사치를 부리거나 흥청망청 쓰지 않는다면 충분히 혼자 먹고살 수 있을 정도의 금액이다. 그렇게 필자는 부동산 투자를 지속하며 자산을 점점 더 불려 나갔다.

필자의 선택과 행동은 또래의 친구들보다 빠른 편이었다. 공교롭게도 필자가 고민 끝에 부동산에 발을 들이게 된 이유는 주변 상황 때문이었다. 남들처럼 평탄한 삶을 살거나 평범한 가정환경이었다면 아마 30대가 되어서야 부동산에 대해 고민하기 시작했을 것이다. 그러나 필자의 삶은 그렇지 않았다. 힘든 상황이 닥칠 때마다 이겨내려고 애도 많이 썼다. 그리고 그럴 때마다 무엇보다 돈으로부터 자유로워지고 싶었다.

누구나 20대 초반에는 한 치 앞을 내다보기 힘들다. 한 번뿐인

20대의 젊음을 즐기고 만끽하는 데 열심이다. 그러나 필자에게 닥친 상황들은 그런 여유를 허락하지 않았다. 그래서 스스로 나를 구해야 한다는 생각에 몰두했다. 매 순간 궁리하고 방법을 찾으며 많은 시간을 보냈다. 되돌아보면 외롭고 고독한 시간이었다. 주변에 고민을 털어놓을 만한 사람도 없었다.

부모님은 부동산에 이해도가 별로 없으셨다. 부동산 투자라는 길을 잘 헤쳐 나가고 기댈 만한 것이 필요했기에 결국 공부에 매달리는 수밖에 없었다.

인터넷 검색을 통해 부동산 관련 오프라인 모임이 있다는 것을 알고 그 자리에 참석도 해봤다. 거기 모인 대부분의 사람이 40~50대였고, 나만 20대였다. 자리에 모인 사람들에게서 '나이도 어린 친구가 부동산이라니?'라는 놀라움과 호기심을 동시에 느꼈다. 물론 내 느낌이 그랬다는 것이다. 그만큼 정서적으로 그분들과 공감을 형성하기가 어려웠다.

결국 다시 자연스럽게 혼자 공부하는 방향으로 돌아왔다. 닥치는 대로 책을 사다가 읽고 온라인 부동산 카페에 들락거리며 부동산 공부를 독학했다. 그러면서도 이런 선택과 결정이 옳은 것인지 늘 의심했다. 또래 친구들이 유능한 직업인의 자질을 만들어가는 시기에 나는 그런 일들과는 담쌓고 엉뚱한 결정을 하며 사는 것은 아닌지 걱정도 많았다.

하지만 절대 포기하지 않고 뚝심 있게 밀고 나갔다. 그 덕에 당시 내 또래 직장인들의 월급보다 많은 부동산 임대 수입, 자산 가치 상승, 책 출간, 젊은 부동산 투자 멘토로서의 명성 등을 얻게 되었다. 이 모든 것을 고작 나이 30이 채 되기 전에 이룬 것이다.

05 — 소소하지만 중요한 부자가 되는 습관

좋은 습관을 들이는 주체도 나, 안 좋은 습관을 만드는 주체도 바로 나다. 그렇기에 부자가 되기 위해서는 내가 어떤 생각을 하고 어떤 습관이 있는지, 그리고 어떤 행동을 하는지부터 파악하는 일이 중요하다. 우리가 가장 먼저 인식해야 하는 것은 '나 자신을 아는 일'이다. 특히 부자가 되는 습관과 생각을 갖추고 스스로 의욕을 북돋는 일을 빼놓을 수 없다.

이런 내용을 한마디로 정리하면 무엇일까? 바로 '변화'다. 나 자신이 변화하지 못한다면 내 삶의 변화를 만들어낼 수 없다. 아주 당연한 이야기다. 부자가 되고 싶다면 나 자신의 변화에서부터 시작해야 한다.

그런데 변화는 에너지를 동반해야 가능한 일이다. 변화의 주체

자본심資本心

는 누구인가? 남을 변화시키면 내가 부자가 될까? 말도 안 되는 소리다. 변화를 이끌어줄 에너지를 채우고 내가 변하는 것이 내 삶을 바꾸고 부자가 되는 길이다. 그럼 어떻게 나를 변화시켜야 할까? 이것이 이번 챕터의 주제다.

필자는 가장 쉬운 일을 제안할 생각이다. 여러분의 삶에 변화를 불러일으킬 두 가지 처방부터 소개한다. 첫 번째는 내가 늘 가는 장소를 바꾸는 것, 두 번째는 항상 만나는 사람을 바꾸는 것이다. 장소와 사람, 이 두 가지만 바꾸어도 큰 변화가 생긴다. 이를 실천하면 삶이 변한다. 이 말은 나를 둘러싼 익숙한 환경, 즉 판을 뒤흔들자는 말이다. 익숙했던 판을 바꾸어야 삶이 극적으로 변한다.

먼저 장소 이야기를 해보자. 카페든, 공원이든, 그곳이 어디든 간에 내가 늘 찾아가던 장소에서 벗어나서 낯선 곳으로 가보자. 낯선 곳에 가면 숨어 있던 본능이 살아나는데, 일종의 생존 본능이다. 사람은 익숙한 장소에서는 익숙한 생각과 행동만 한다. 가령 퇴근 후에는 당연히 귀가하던 집 대신 다른 공간으로 가보자. 집이라는 공간에서 벗어나는 것이다. 요즘 젊은이들이 즐기는 호캉스(호텔에서 즐기는 바캉스) 같은 것도 좋다. 멀쩡한 집을 놔두고 왜 호텔에 가나 싶겠지만, 막상 집을 떠나서 호텔에 가면 일단 조그맣게라도 판이 바뀐 것이다. 장소가 바뀌면 놀랍게도 창의적인 생각과 의욕이 샘솟는다.

두 번째로 만나는 사람도 바꾸어보자. 늘 똑같은 사람을 만나면 특별한 이슈가 없는 한 매번 같은 주제를 두고 같은 이야기만 되풀이할 뿐이다. 발전이 없다. 이렇듯 내 삶을 바꾸는 가장 쉬운 방법은 익숙한 장소 대신에 다른 곳을 가보고 늘 내가 만나는 사람 대신 다른 사람을 만나는 일이다. 같은 장소에서 똑같은 사람을 만나는 것은 사실 아무 변화 없는 삶을 살겠다는 매우 강력한 의지의 표현이다.

'내 주변의 다섯 사람의 평균 모습이 바로 나'라는 말이 있다. 내가 비록 내 삶을 변화시키겠다는 의지를 다졌더라도 주변 사람들이 내 의지와는 반대의 생각을 가졌다면 나도 모르게 그들의 생각에 끌려간다. 즉, 내 의지를 현실에 반영하거나 변화를 기대하기 어렵다. 여러분 주변의 친한 다섯 사람의 평균 모습이 바로 여러분의 모습이다. 그저 그런 지지부진한 삶이라면 현실에서 만나는 사람을 바꾸어야 다른 기회가 보이고 가능성이 열린다. 항상 이런저런 책으로 끊임없이 공부하고 유튜브를 시청하며 오늘과 다른 장밋빛 인생을 꿈꾸더라도, 주변 사람이 안 바뀌면 그런 노력이 다 헛수고가 된다.

다만 이렇게 해도 꿈을 꾸는 것으로만 그칠 수도 있다. 어쩔 수 없이 만나야 하는 사람도 있을 것이다. 혈연관계인 가족도 있고 주어진 업무를 처리하느라 만나야 하는 관계도 있을 수밖에 없다. 이런 만남까지 바꾸기는 어렵겠지만, 그래도 되도록 이런 만남을 최소화하고 다른 만남을 가지려고 노력해보자. 주변 사람이 바뀌어야 내가 변한다. 항상 똑같은 사람을 만나서 무슨 이야기를 했는지 돌아보자. 같은 이야기만 늘어놓는 비생산적인 수다 떨기가 즐겁고 적성에 맞는다면 굳이 말리지는 않겠다. 다만 이런 상황이라면 변화를 기대하지는 말자. 새로운 환경에 자신을 노출하고, 새로운 사람 만나기에 힘써야 새로운 시각과 통찰, 그리고 변화가 생긴다.

두 가지 외에도 나를 변화시킬 처방이 몇 개 더 있다. 기발하고 거창하거나 특별한 일이 아니다. 누구나 쉽게 실천할 수 있는 일들이다. 필자 역시 틈틈이 이런 일들을 실천하고 주위 사람들에게 그 중요성을 강조한다. 다음과 같은 것들이다.

1) 많이 읽어라

책을 많이 읽으라니 고리타분한 말 같겠지만, 정말로 책 속에 길과 답이 있다. 필자는 20대 초반부터 16년간 대략 2,000여 권의 책을 읽었다. 투자를 처음 시작할 때는 밑줄까지 그어가며 부자가 되기 위한 답을 찾으려고 필사적으로 애썼다. 독서는 단순히 교양을 쌓는 일이 아니다. 치열한 생존 경쟁에서 살아남고 자본주의 시스템을 이해하며, 궁극적으로는 사고력을 기르는 일이다. 생각하는 힘이 있느냐, 없느냐에 따라서 부자가 될 수도 있고 안 될 수도 있다. 사고력은 그만큼 중요하다.

수많은 투자 판단과 결정은 바로 생각에서 나온다. 유튜브 영상으로도 많은 정보를 얻고 지식도 쌓을 수는 있다. 하지만 영상 시청은 흘려듣기 쉽다. 엄밀히 말해서 영상 시청은 수동적인 행위인

지라 생각하는 힘을 기르는 데는 별로 도움이 안 된다. 스스로 책을 읽는 능동성을 바탕으로 문맥을 이해하려는 노력을 통해서 사고력을 기를 수 있다. 책을 읽어야 하는 이유다. 독서를 빼놓고 부자 되기를 논한다는 것은 기본을 갖추지 못한 것이다.

2) 일기를 써라

필자는 말과 글의 힘을 믿는 사람이다. 시간을 내어 주위의 서점이나 문구점에서 다이어리나 스프링 노트를 구입해서 일기를 써보자. 일기를 쓸 때의 팁은 하루도 빠지지 않고 다 쓰겠다는 부담을 내려놓는 것이다. 처음부터 끝까지 써야겠다고 생각하면 외려 부담으로 작용해서 쉽게 중도에 포기하게 된다. 이런 경우 대부분 2~3개월을 못 버틴다. 하루라도 쓰지 못했다는 생각이 들면 부담을 느끼고 열정이 사그라든다. 인간이라는 존재가 천성적으로 나약해서 그렇다.

그러니 혹 일기를 쓰지 못하는 날이 있더라도 자연스럽게 다시 쓰면 된다는 가벼운 마음가짐을 갖자. 투자할 때는 내가 얻은 정보나 아이디어를 습관적으로 메모하고 정리하는 일이 중요하다. 이런 습관이 다 돈이 되고 나를 부자로 만든다. 평소에 쓰기 연습을 해두어야 가능한 일이다.

3) 틈틈이 걸어라

걷자. 걸으면 에너지가 생긴다. 어떤 일이든 체력이 뒷받침되어야 한다. 체력은 일을 제대로 도모하게 돕고 좋은 결과를 만드는 기초다. 필자는 걷기를 통해 건강도 챙길 뿐만 아니라, 뒤엉킨 생각을 정리하고 투자 아이디어를 떠올리기도 한다. 걸으며 사색하는 시간을 갖는 것이다.

걷는 일이 단순한 듯해도 좋은 아이디어들은 대부분 책상 앞이 아니라 걸을 때 나온다. 책상 앞에서 막연하게 '잘 되겠거니….' 하고 앉아 있으면 생각과 몸이 딱딱해진다. 몸을 움직여야 생각이 깨어나고 활성화된다. 걷기 역시 부자가 되는 방법이다. 걸으면 의욕이 생긴다. 이는 경험해본 사람들이 이구동성으로 하는 말이다.

산처럼 쌓인 각종 정보와 데이터로부터 잠시 떨어져 걸으면서 나만의 시간을 가져야 한다. 걸으면서 나 자신과 진솔한 대화를 해볼 수도 있다. 평소 머릿속을 어지럽히던 생각을 정리하고 사색에 잠겨볼 수 있다. 또 걸으며 느껴지는 호흡을 통해 생생히 살아 있는 나를 느끼는 순간 무너졌던 의욕도 되살아난다. 필자도 힘들 때마다 걷고 뛰면서 에너지를 얻는다.

4) 정리 정돈을 습관화하라

정리 정돈은 돈 버는 일과 전혀 상관없는 것 같은데 이런 이야기를 하니 의아해할 수도 있겠다. 정리 정돈은 일종의 루틴이다. 아침에 눈을 뜨면 곧바로 이불을 갠다. 별것 아닌 행동이지만, 사실 이것도 주어진 오늘 하루를 소중히 대하는 마음가짐의 발현이다.

예전에 EBS 방송에서 우리나라 최고의 부자 중 한 분인 짐킴홀

딩스JIMKIM Holdings 김승호 회장의 인터뷰를 봤다. 몇천억 원의 현금 부자인 김승호 회장은 방송에서 부자가 되는 첫 번째 방법을 소개했다. 허무하게 들리겠지만, 그가 소개한 첫 번째가 바로 정리 정돈이었다. 일어나서 이불을 갠 후 창문을 열어 공기를 환기하는 일이 김승호 회장이 하루를 시작하는 첫 단추다.

이런 루틴을 가지고 하루를 시작하는 것과 그렇지 않은 것의 차이는 별것 아닌 듯해도 정말 놀라운 별것을 만들어낸다. 몇 년 후에 보란 듯이 부자가 되어 있거나 여전히 아무 변화 없는 그저 그런 삶을 살아가거나 하는 차이를 낼 정도다.

이 외에도 집에서 나가거나 들어올 때 가지런히 신발을 정리하는 것 역시 사소하지만 소중한 루틴이다. 사소한 일들을 루틴으로 삼아서 행동하면 나를 바로 세우는 일이 된다. 작은 행동이지만 나와의 약속을 잘 지켰다는 성취감도 얻을 수 있다. 정리 정돈은 정돈된 나를 유지하는 확실한 루틴이다.

5) 남 탓하지 말아라

필자 주변에는 젊은 부자들이 많은 편이다. 부동산 투자로 성공한 사람, 주식이나 코인으로 돈을 번 사람 등 다양하다. 그런데 이런 사람들을 만나면 공통점이 하나 있다. 그들은 절대로 남을 탓하거나 불평하거나 투덜거리지 않는다. 그들도 다른 사람들처럼 남을 원망하고 투덜거리고 싶은 일, 스트레스받는 일들이 많을 것이다. 그런데도 부자들이 투정을 참는 이유가 무엇일지 생각해보자.

투덜거림은 에너지를 갉아먹는 일이다. 투덜거리면 다른 누구보다 먼저 내 기분부터 상한다. 그런 부정적인 감정에 휩쓸릴수록 좋은 일들이 나에게 오려고 했다가도 다른 곳으로 달아난다. 부자들은 나와 상관없는 남 이야기를 잘 안 한다. 긍정적인 감정 상태를 유지하려고 노력한다. 남 탓을 하며 에너지를 낭비하는 대신에 귀를 열고 정보를 공유하며 자신이 가진 긍정 에너지를 나눈다. 부자들이 모인 리그에서는 남 탓이 금기다.

6) 밥을 사라

절대로 밥을 얻어먹고 다니지 말자. 필자는 "돈 많은 네가 밥값 내!"라는 말을 싫어한다. 나보다 돈 많은 사람이 밥을 사는 게 정상이라는 생각이 비정상이다. 지갑을 닫고 자린고비가 되겠다는 게 아니다. 사실 부자들은 자기 주변 사람들에게 부자가 된 방법이나 비결을 숨기지 않고 알려준다. 각종 투자 조언을 아낌없이 해주고 상대방도 빨리 부자가 되기를 바란다.

그런데 이렇게 부자에게 조언을 듣고 밥까지 얻어먹겠다? 정녕 그렇게 생각하는가? 그런 마인드로는 절대로 부자가 될 수 없다. 부자가 귀한 시간까지 내어 좋은 이야기를 들려주었는데, 밥값까지 내야 할까? 부자가 되려면 밥값을 아까워하지 말자. 일종의 투자금이라고 여기면 어떨까 싶다.

덧붙여서 하나 더 말할 게 있다. 부자의 조언을 들은 사람들은 대개 "나중에 꼭 한번 밥을 대접하겠다"라고 말한다. 그러나 오히려 참는 게 부자에게 도움이 된다. 밥 대신 마음이 담긴 작은 선물을 보내는 편이 더 낫다. 나중에 다시 밥을 먹으려면 또 시간을 내야 하는데, 부자들에게는 시간이 곧 돈이다. 굳이 고마움을 표하고 싶다면 밥보다는 작은 선물이 좀 더 사려 깊은 행동이다.

혹시 거창하고 커다란 비법을 기대하셨는가? 분명한 것은 사소한 일들을 망치는 사람치고 잘 되는 사람은 없다는 것이다. 지금까지 이야기한 행동 양식은 쉬우면서도 한편으로는 어렵기도 한 일들이다. 부자가 되고 싶다면 변해라. 몸에 익은 습관을 돌아보고, 비생산적인 일, 부자가 되는 데 도움이 안 되는 일들은 과감하게 손절하자.

06

부자가 되려면
체험이 중요하다

부자에 관한 이야기를 더 해보겠다. 뻔한 이야기는 생략한다. 대기업 회장님 위치에 계신 분들은 부자라고 부르기에는 어울리지 않는다. 그런 분들은 부자를 뛰어넘은 재벌이다. 필자가 정의하는 부자란 '자본심을 갖추고 하고 싶은 일, 누리고 싶은 일을 돈 눈치 보지 않고 하는 사람'이다.

일단 부자는 돈이 많아야 한다. 시간이 많고, 마음의 여유가 많다는 게 아니라, 그냥 단순하게 말해서 돈이 많으면 부자다. 돈이 많아지려면 어떻게 해야 할까? 먼저 돈을 버는 방법을 알아야 한다. 그리고 두 번째로는 내 돈을 지켜야 한다. 그럼 버는 일과 지키는 일, 이 두 가지만 알면 돈이 많아질까? 하나 더 있다. 우리가 흔히 경제적 자유라고 일컫는 상황, 즉 돈이 많은 상황에 도달하기 위

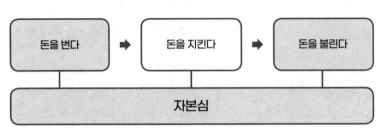

| 자산을 늘리는 과정 |

```
돈을 번다  →  돈을 지킨다  →  돈을 불린다
              자본심
```

해서는 돈 불리기가 반드시 뒤따라야 한다.

"그럼 그렇게 모은 돈을 언제 쓰나요?"라고 묻는 사람도 있을 것이다. 좋은 질문이다. 책의 첫 부분에서 소개했듯이 돈의 기능은 세상의 어떤 가치, 내가 받고 싶은 서비스와 맞바꾸는 교환의 기능이다. 즉, 우리는 쓰기 위해서 번다.

그런데 한 가지 더 중요한 게 있다. 돈을 쓰더라도 의미 있게 잘 써야 한다. 세상에는 이 점을 무시하고 아무렇게나 돈 쓰는 사람들이 참 많다. 돈의 크기와 상관없이 돈을 허투루 사용하는 사람은 절대 부자가 될 수 없다. 필자는 적은 돈이든, 큰돈이든 돈을 쓸 때는 가치 있게 쓰기 위해서 늘 노력한다. 이와 관련한 예를 하나 들겠다. 필자의 부동산 투자 강의나 유튜브에서도 이런 이야기를 소개한 적이 있다.

직장 생활을 열심히 하다가 드디어 휴가를 맞이했다. 모든 사람이 손꼽아 기다리는 휴가다. 이 휴가를 즐겁게 보냄으로써 그간 열심히 일한 나 자신에게 자기 충전의 시간을 선물하고 싶다. 휴가는 자기 충전의 시간이기 때문이다. 그래서 이번 휴가는 큰맘 먹고 가까운 해외로 다녀올 참이다. 이때 가장 먼저 해야 할 일은 비행기 티켓을 알아보는 일이다. 다음의 두 가지 선택이 있다. 여러분은 주로 어떤 선택에 익숙한가?

① 저가 항공사 티켓을 알아본다.
② 비즈니스석을 알아본다.

아마 저가 항공사 티켓부터 검색하는 사람이 더 많을 것이다. 그런데 필자의 생각은 좀 다르다. 저렴한 항공권부터 검색할 게 아니라 한 번 정도는 비즈니스석을 타고 여행해보는 것은 어떨까? 사치나 겉멋이 든 판단이라고 단정하기 전에 이야기를 더 들어보시기를 바란다. 인생을 살면서 한 번 정도는 나를 위해 비즈니스석을 예약하고 이를 누려보는 경험도 중요하다. 습관처럼 저렴한 티켓을 산다면 아마 평생 비즈니스석을 타보지 못할 확률이 높다.

물론 근검절약이나 가성비(가격 대비 성능비)를 추구하는 일도 무시할 수는 없다. 하지만 돈을 들여서 최고의 서비스를 경험해보는 일도 종종 해봐야 한다. 고기도 먹어본 사람이 잘 먹는다. 경험도 없이 그저 비싸다는 이유 하나로 저렴한 것만 선택하는 습관은 평생 그런 결정만 내리도록 만든다. 이런 습관은 부자와 거리가 멀어지도록 한다. 부자의 행동, 부자의 판단을 경험해보고 부자의 느낌을 한번 가져보자는 이야기다.

비즈니스석을 타면 저가 항공을 탈 때보다 몇 배의 돈이 지갑에서 나가겠지만, 그만큼 의미 있는 돈 쓰기다. 사람들이 왜 비싼 돈을 들여서 비즈니스석을 타는지, 정말 그럴 만한 가치가 있는지 한번은 경험해봐야 올바른 판단을 내릴 수 있다. 비즈니스석을 실제로 타봐야 앞으로는 절대 비즈니스석을 안 타겠다고 생각하거나 서비스가 너무 감동적이어서 또 이용하겠다는 생각을 할 수 있다.

직접 체험하거나 경험하지 않은 채로 내리는 판단은 올바르지 않다. 가난한 생각과 행동은 삶을 주눅 들도록 만든다. 조금만 화려한 것을 보면 어색해지고, 어색한 느낌은 행동까지 불편하게 만든다.

돈을 들여서 특별한 경험에 자꾸 노출되면 처음에는 어색해도 이내 행동이 자연스러워진다. 나중에는 이런 특별함을 주눅 들지 않고 누리는 자신을 발견할 수 있다. 그리고 경험해보기 전의 오해와 편견에서 벗어날 수도 있다. 그래서 경험이 중요하다.

좋은 경험이 쌓이면 놀랍게도 삶이 그 방향으로 흘러간다. 이것은 필자가 직접 느낀 바다. 가난한 생각이 부자의 생각으로 바뀌어 간다. 특별한 것으로 생각했던 일들이 점점 평범한 일상으로 바뀌어간다.

몇 년 후에 돈 좀 벌면 그때 할 일이라고 미루는 것이 능사가 아니다. 지금 당장은 버겁고 짐이 되더라도, 그리고 다소 경제적으로 무리라는 생각이 들더라도 비즈니스석을 타보는 경험은 해볼 만

자본심資本心

하다. 의식적으로라도 그런 특별함에 자신을 계속 노출시켜 익숙해질 때 가난이 떨어져 나간다. 돈을 더 많이 벌어야겠다는 동기가 생기고 부자가 되겠다는 의지도 더 굳건해진다.

부동산 투자에서도 비슷한 경험을 해볼 수 있다. 아니, 꼭 해보기를 권한다. 지금 당장 살 집이 아니더라도, 옷을 잘 차려입고 강남 한복판의 비싼 아파트를 답사해보자. 부자가 사는 집을 둘러보고 단지의 배치, 주위의 편의시설, 입지 등을 살펴보자. 왜 이런 집이 40억 원이 넘는지 직접 내 눈으로 보고 그 가치를 확인해야 한다. 나는 당장 돈이 없는데, 언감생심 강남 아파트를 어떻게 마련해?라는 생각은 삶을 바꾸어주지 않는다. 내 눈으로 직접 보고 경험해서 그곳에서 살고 싶은 욕망을 일깨워야 한다.

이는 절대로 바보 같은 일이 아니다. 오히려 진짜 부자가 되기 위한 구체적인 경험이 되어서 우리를 부자의 길로 이끌어준다.

07 ― 벌고, 지키고, 불리는 삼총사 이야기

돈을 벌고, 지키고, 불리는 일은 돈을 더 많이 만들어주는 삼총사다. 이들 삼총사는 상호 연관성을 갖고 유기적으로 움직일 때 가장 효과적이다. 하나라도 소홀할 수 없는 역학관계가 있다. 이들이 잘 맞물려 돌아갈 때 큰돈이 생긴다.

그런데 이들 세 가지 중에서 가장 힘든 일을 꼭 하나 고르라고 하면, 필자는 그래도 돈 벌기가 제일 어렵다고 생각한다. 간단하게 말해서 번 돈을 지키지 못하고, 불리는 재주마저 없다고 해도 일단 돈을 많이 벌면 걱정이 없다. 이 경우에는 얼마를 버느냐가 관건이다. 그래서 사람들은 더 많이 벌려고 전문가를 만나거나 열심히 책으로 공부하지만, 그래도 부자가 되기는 쉽지 않다. 어쨌거나 돈 버는 일이 가장 어렵다.

자본심資本心

한 달을 겨우 살 생활비를 버는 일도 누군가에게는 벅찬 일일 수 있다. 누군가는 아무리 몸부림을 쳐도 버는 돈의 한계가 느껴지기도 한다. 가령 한 달에 200만~300만 원을 버는 사람이 자기 수입을 500만~600만 원으로 늘리는 것은 어마어마하게 힘들거나 거의 불가능한 일일 수 있다. 물론 방법이 없는 것은 아니다. 시간당 버는 돈의 크기를 늘리면 된다. 시간당 돈의 크기란 결국 몸값이다. 몸값이 높아지면 수입이 늘어난다.

하나 더 있다. 일하는 시간을 더 늘리는 것이다. 일하는 시간을 늘림으로써 더 많은 수입을 기대할 수 있다. 노동 시간을 더 투입해야 한다는 이야기다. 이 역시 돈을 더 많이 버는 방법이기는 해도 만만하지 않다. 노동 시간의 경우 야근, 부업, 때로는 주말에도 일해야만 수입이 더 많아진다. 이 방법으로는 개인이 버는 돈에 한계가 있다. 24시간 중에서 8시간만 자고 16시간을 내내 일해도 200만~300만 원 벌이가 갑자기 2배로 늘어나기는 어렵다. 설령 노동 시간을 배로 투입해서 500만~600만 원을 벌었다고 하자. 그런데 그렇게 일하면 앞으로도 오랜 시간 돈을 벌어야 할 몸에 무리가 따른다. 자는 시간만 빼고 모든 시간을 일한다는 것인데, 한두 번은 가능해도 오래 할 수 있는 일은 아니다.

그럼 어떻게 해야 할까? 나 말고, 내가 일하는 것 말고, 다른 소득원을 만들어야 한다. 그리고 돈이 들어오는 시스템, 즉 파이프라인을 만들면 된다. 다른 소득원이자 시스템은 궁극적으로 사업이라고 말할 수도 있다.

'어떻게 하면 시간당 수입을 높일까?'

'내 소득을 어떻게 다원화多元化할까?'

'어떤 시스템을 어떻게 만들까?'

돈을 더 벌려는 생각을 끊임없이 해야 한다. 다만 그것이 단순히 시간과 노동력을 더 투입하겠다는 생각이어서는 안 된다. 돈이란 열심히 일한다고 해서 더 벌리는 것이 아니다. 생각의 방식 자체를 전환해야 한다. '어떻게 하면 내 소득을 다원화할 수 있을까?' '어떻게 하면 한 번 일한 것으로 지속적인 수입이 들어오게 할 수 있을까?' '어떻게 하면 이를 시스템화할 수 있을까?'와 같은 접근법이 필요하다. 생각 자체의 틀을 깨야 한다.

삼총사 중에서 두 번째는 돈 지키기다. 돈 지키기는 수입으로 들어오는 돈이 빠져나가지 않도록 하는 일이다. 쉽게 말해서 지출의 최소화다. 그런데 이 역시 말처럼 쉽지 않다. 물론 돈 버는 일과 비교하면 지출의 최소화가 그나마 좀 더 쉬운 일이다. 당장 다음 달부터 돈을 더 많이 벌어야 한다면 막막하게 느껴져도, 지난달보다 덜 쓰는 일은 상대적으로 쉽다. 쉽다는 표현은 머릿속에서 바로 그림이 보인다는 뜻이다.

다만 여기서 문제는 지출을 줄이려는 의지다. 이 부분을 꼭 말하고 싶다. 지출을 억제하지 못하면 부자가 될 수 없다. 버는 데 한계가 있음을 알았다면 지출에서 승부를 봐야 한다.

만약 300만 원을 버는 사람이 지출을 극단적으로 줄여서 버는 족족 다 모으면 1년에 3,600만 원을 모을 수 있다. 물론 지출을 0원으로 가정한 것인데, 매우 비현실적이다. 아시다시피 특별히 어떤 일을 안 하더라도 자본주의 사회에서 사람이 움직이는 모든 행동은 곧 소비다. 가만히 앉아서 숨 쉬는 일 빼고는 다 돈이 들어간다고 봐도 좋다.

다시 말할 기회가 있겠지만, 그렇다면 지출을 최대한 줄이고 돈을 모을 수 있는 시기는 언제일까? 바로 결혼 전에 부모와 함께 사는 시기다. 독립해서 집을 나가는 순간 모든 게 돈이다. 공과금, 각종 생활비, 문화비 지출, 지인이나 친구와의 만남 등 돈 안 들이고 할 수 있는 일은 없다. 사람마다 종잣돈의 규모는 다를 테지만, 평균적으로 몇천만 원이 기준이라면 그 돈을 몇 살에 만들어내는지도 중요하다.

우리의 목적은 부자가 되는 일이다. 부자로 가는 첫걸음은 '언제, 얼마의 종잣돈을 만드느냐?'인데, 이 첫 단추를 끼우는 데 실패하면 부자가 되는 데 어려움이 따른다. 점잖게 표현해서 "어렵다"라는 것이지, 직설적으로 말하면 "부자 되기 정말 힘들다!"라는 이야기다.

지출을 최소화하느라 극단적인 방법을 사용할 수도 있다. 사실 지출은 대부분 사람을 만나는 비용이다. 따라서 지출을 줄여서 종잣돈을 마련하는 동안에는 주변 사람을 안 만나는 것도 하나의 방법이다. "뭐라고요? 돈도 좋지만 그래도 그렇지, 인간관계까지 끊어가면서 그렇게 해야 합니까!"라고 반문할 수도 있다. 그러나 냉정하게 들릴 수도 있겠지만, 필자는 그렇게 해야만 지출 줄이기에 성공할 수 있다고 말하고 싶다.

종잣돈을 모으는 것은 평생에 걸쳐서 하는 일이 아니다. 부자로 가는 초입에 이루어야 하는 일이다. 마음을 다잡고 6개월 또는 1년 정도 악착같이 돈을 모아보자. 그러면 돈이 모이는 것뿐만 아니라 시간도 생긴다.

이렇게 만들어진 시간을 효과적으로 사용하는 것도 중요하다. 그 시간에 어떻게 해야 더 많은 돈을 벌지, 번 돈을 어떤 방법으로 불릴지 연구할 수 있다. 여러 가지 돈 버는 방법을 공부하고 혼자서 진지하게 자본주의 시스템에서 살아남는 방법을 연구하는 일도 가능하다. 그리고 내면을 들여다보고 조용히 성찰하는 시간을 가질 수도 있다. 내가 정말 바라는 것이 무엇인지 진지하게 생각해보고 내 인생이 어떤 방향으로 흘러갈지 예상해보는 일이다.

삼총사 중에서 마지막은 돈 불리기다. 어느 정도 목돈이 만들어졌다면, 부자로 가는 첫 관문을 멋지게 통과한 자신에게 박수를 보낼 일이다. 그럼 이렇게 피 같은 내 돈을 어떻게 불려야 좋을까? 돈은 자꾸 굴려야 한다. 작은 눈 뭉치를 굴려서 큰 눈덩이로 만들듯이, 돈도 지혜롭게 굴려야 커진다. 가만히 손에 쥐고만 있으면 가치가 계속 떨어질 뿐이다.

당연히 돈을 굴리려면 투자에 어느 정도 감을 가지고 있어야 한다. 주식 투자든, 코인 투자든, 금 투자든, 부동산 투자든 뭐든 간에 투자 공부를 시작하고 거기서 깨달은 바를 실천해서 돈을 굴려야 돈이 커진다. 누구나 자신만의 투자 기질이 있다. 공격적인 성격, 안정 지향적인 성격, 급한 성격, 느긋한 성격 등이다. 자신의 성격이 주식 투자와 맞는지, 부동산 투자와 더 잘 맞는지 아는 일도 중요하다.

그리고 여기서 돈의 크기도 중요하다. 애써 모은 종잣돈의 크기가 얼마인지에 따라 투자 대상이 달라지기도 한다. 물론 수익률 또한 투자 대상에 따라서 다르다. 투자 시 수익률은 투자자의 성향, 투자 금액, 투자 대상, 시장의 분위기 등 여러 가지가 복합적으로 작용하기에 천차만별이다. 그렇다면 어떻게 자신의 투자 성향을 파악하고 얼마의 돈으로 어떤 대상에 투자해야 최상의 결과가 나올까? 이제 본격적으로 그 이야기를 해보겠다.

08
—

부동산 투자는
왜 중요할까

평범한 사람이 부자가 되려면 부동산 투자 말고는 답이 없다. 평범함의 기준이 뭘까? 일단 재능의 유무다. 특출난 재능이 없으면 평범하다. 노력도 노력이지만, 재능이 정말 많은 부분을 차지한다. 열심히 노력한다고 해서 누구나 BTS가 되거나 손흥민이 되지는 못한다. 사업에 재능을 타고난 사람도 있다. 흔히 "수완이 좋다"라고 표현한다. 여기서 수완도 재능이라고 볼 수 있겠다.

　필자는 '평범하다'라는 말의 뜻을 '대학교를 나와서 직장을 결정한 사람'이라고 정의한다. 물론 취업이 점점 어려워지는 현실을 고려할 때, 직장인을 평범함의 카테고리에 넣는 것이 어색할 수도 있다. 하지만 흔히 사용하는 표현인 '평범한 직장인'이라는 표현을 필자도 사용하려 한다. 일반적으로 직장이 결정되었다는 것은 기본

자본심資本心

적으로 소득이 어느 정도 정해져 있음을 뜻한다.

평범한 사람이 부자가 되는 방법은 몇 가지 종류가 있다. 돈을 버는 종류라고 표현할 수도 있겠다. 먼저 '근로 소득'이 있다. 두 번째는 '사업 소득'이다. 그리고 마지막은 '투자 소득'이다. 근로 소득은 같은 말로 노동 소득이라고 표현한다. 사업 소득은 사업을 운영해야만 만들어진다. 투자 소득은 일종의 비노동 소득이다.

돈을 버는 종류와 큰 구조는 이와 같다. 그렇다면 여러분은 '노동 소득'과 '비노동 소득' 중에서 어떤 것을 더 선호하는가? 당연히 '비노동 소득'이라고 답할 것이다. 일하지 않고 버는 돈이니까 말이다. 자본주의 시스템에서는 굳이 노동하지 않아도 돈을 버는 비노동 소득도 소득으로 인정한다. 이 사실을 부인하면 자본주의가 굴러가지 않는다.

대학교를 졸업하고 직장에 취업하면 '근로 소득'을 얻는다. 여기서 본인이 버는 소득 수준에 만족하지 않고 돈을 더 벌고 싶다면 부업, 아르바이트, 투잡을 고려할 수도 있다. 요즘 유행하는 말로 'N잡러(여러 직업을 가진 사람)'가 되는 것이다. 이런 선택을 한 사람들의 공통점이 있다. 더 많이 노동해야 수입이 생기는 구조를 갖추었다는 사실이다.

이런 말을 꺼내는 것은 근로 소득만으로는 부자가 되기 힘들다는 것을 강조하기 위함이다. 물론 근로 소득은 중요하다. 꼬박꼬박 통장에 꽂히는 돈은 적든, 많든 당연히 무시할 수 없다. 그러나 연봉이 1억 원을 훌쩍 넘고 성과급을 연봉만큼 받는 소수를 제외하면 근로 소득만으로 부자가 될 수 없다는 현실을 다들 잘 안다.

모두가 아는 것처럼 최근 몇 년간 부동산 가격은 가파르게 상승했다. 2022년 상반기 기준으로 현재 금리 인상 여파로 조정을 받으며 가격이 내려가는 형국이긴 해도, 서울 아파트 중윗값은 아직도 평균 약 11억 원이다. 이는 엄청난 금액이다. 조심스럽게 예측하건대 중윗값이 10억 원 아래로 내려오는 일이 벌어질 수도 있다. 하지만 또다시 가격은 전고점前高點을 향해서 오를 것이다. 16년간 부동산 시장을 겪어본 경험으로 드리는 말이다.

만약 당신이 월수입 1,000만~2,000만 원을 버는 상당한 고액의 연봉자라고 가정해보자. 그렇더라도 현재 서울 아파트 중윗값인 11억 원 모으기는 단시간에는 절대 이룰 수 없는 지난한 일이다. 그 이하의 근로 소득이라면 더 말할 필요조차 없다.

꼬박꼬박 들어오는 근로 소득은 당장 생존하기 위해 당연히 현상 유지를 해야 한다. 더 나아가 부자가 되려면 뭘 해야 할까? 바로 투자다. 투자를 통해 돈을 만드는 구조, 즉 투자 소득을 만들어가야 한다.

투자 대상은 종류가 많은 듯해도 엄밀히 살펴보면 크게 두 가지로 귀결된다. 이미 눈치챘겠지만, 주식과 부동산이다. 물론 그 밖에 금이나 채권, 또 달러도 있다. 하지만 이들 투자는 주식과 부동산만큼 대중적이고 일반적이지는 않다. 최근 유행으로 떠오른 가

상화폐도 젊은 사람들이 선호하는 투자처다.

필자는 다른 투자를 하지 말라는 이야기를 하려는 게 아니다. 다만 부동산 이외의 투자처에 절대적인 자산을 넣는 사람은 없다는 사실을 한 번 더 알리고 싶다. 아주 극소수의 사람만 부동산 이외의 투자처에 전 재산을 다 투자한다. 그렇기에 어쨌거나 투자의 큰 틀은 주식과 부동산, 이 두 가지라고 볼 수 있다.

다시 밝히지만, 필자는 부동산 투자가 꼭 정답이라고 말하려는 게 아니다. 당연히 주식이나 코인으로도 부자가 된 사람들이 존재한다. 하지만 일반적인 투자 시야로 본다면 주식이나 코인으로 부자가 된 사람은 극소수다. 그러니 현실을 냉정하게 진단하고 생각할 필요가 있다.

과연 우리는 어떤 분야에 투자해야 이로울까? 필자는 지금 중요한 이야기를 하려는 참이다. 금융투자협회에 따르면 2022년 기준으로 우리나라 주식 활동 계좌 수는 약 6,000만 개가 넘는 것으로 알려져 있다. 실로 어마어마한 숫자다. 그런데 이 중에서 주식에 몇억 원의 금액을 투자하는 사람은 상위 몇 퍼센트다. 주식을 하는 대부분의 투자자는 투자금이 소액이다.

코로나 팬데믹 이후로 시장이 크게 상승하는 상황에서도 주식으로 돈을 좀 크게 벌었다는 사람은 생각보다 드물다. 오히려 2022년 들어서 시장이 내림세로 돌아서자 많은 투자자가 힘겨워하는 모습이 일반적이다.

원인은 크게 두 가지다. 첫 번째는 처음부터 투자금이 크지 않았기 때문이다. 대부분 몇백, 많아도 몇천만 원으로 투자한다. 그리고 두 번째는 주식 시장의 한계(?)다. 우리나라 코스피지수만 봐도 짐작이 간다. 코스피지수는 2007년에 2,000포인트대에 진입한 후로 10년 이상 지루하게 박스권에서 횡보했다. 3,000포인트에 도달한 것은 불과 1년 전이며, 이마저도 다시 내려가는 형국이다. 부동산 가격처럼 계속 우상향하는 모습이 아니라는 이야기다.

만약 제법 많은 돈인 1억 원을 주식에 투자한다고 가정해보자. 평범한 직장인이 1억 원을 모으는 일도 정말 힘든 일이다. 그렇게 모은 1억 원으로 주식에 투자해서 50%의 수익이 났다면 5,000만 원을 번다. 1,000만 원을 투자했다면 500만 원, 100만 원을 투자하면 50만 원의 수익이 생긴다. 이 말은 무엇을 의미할까? 주식도 크게 투자해야 수익이 커지는 법이다. 그런데 현실적으로 1억 원씩 주식에 투자하는 사람이 많지 않다는 사실과 오랜 시간 박스권에서 횡보하는 코스피지수의 현실을 냉정하게 직시해야 한다. 결국 주식에 투자하면 벌기보다는 잃는 경우가 더 흔한 일이다.

주식 투자를 깎아내리거나 가능성이 없다고 말하는 것이 아니니 오해 없으시기를 바란다. 필자 역시 포트폴리오 다변화 차원에서 일정 금액은 주식에 투자한다. 코인에도 조금 투자하고 있다. 다만 직관적으로 볼 때 주식 투자로는 큰돈 벌기가 생각보다 힘들다는 사실을 말하는 것이다.

투자 결과를 결정하는 요소는 세 가지다. 첫 번째로 투자금, 두 번째로 수익률, 세 번째로 시간이다. 이 세 가지를 기억하자. 투자 결과는 금액, 수익률, 시간이 만든다. 그런데 우리나라 대부분의 사람이 가진 자산은 무엇일까? 바로 부동산이다.

다시 처음으로 이야기를 돌려보자. 평범한 직장인이 부자가 되고 싶다면 어디서 답을 찾아야 할까? 자가自家로 살든, 전세든, 월세든 우리나라 사람이라면 자산의 대부분이 부동산에 들어가 있다. 굳이 전문가들의 말을 빌리지 않더라도 대한민국 사람의 자산 편중 구조가 부동산에 쏠려 있다는 것은 누구나 안다. 통계에 따르면 자산의 약 70~80%가 부동산 비중이라고 하니 꽤 높은 수준이다.

외국에서는 사람들이 기필코 내 집을 마련하겠다는 생각이 우리보다 덜하다. 집은 그냥 빌려서 사는 거라는 인식이 폭넓게 자리 잡고 있다. 하지만 대한민국에서는 누구나 내 집 마련의 꿈을 꾼다. 그래서 이른바 '영끌(영혼까지 끌어모은)'로 모은 돈'까지 동원해서 집을 사려고 한다. 자극적인 표현을 좋아하는 대한민국 언론은 '영끌' '패닉 바잉panic buying' 등의 표현을 종종 쓰지만, 솔직히 부동산은 원래 '영끌'을 해야만 살 수 있다.

부동산은 실물이고 필수재다. 즉, 없어서는 안 되는 자산이다. 누구나 자가든, 전세든, 월세든 자신만의 거주지가 필요하다. 그런데 집값이든, 보증금이든 부동산에 들어가는 금액은 저렴하지 않다. 그래서 우리가 가진 대부분의 자산이 부동산으로 편중되는 것이다. 이는 잘못된 게 아니다. 이럴 수밖에 없는 구조를 인정하고 오히려 이를 활용해야 한다.

내가 투자한 주식의 가격이 50%나 올라서 돈을 벌 수도 있다. 하지만 투자 결과를 결정하는 첫 번째 요소인 투자금의 비중을 볼 때, 평범한 한 개인의 투자금 비중에서 부동산 투자금과 주식 투자금의 비중을 비교해보면 주식 투자금이 절대적으로 낮다. 즉, 주식에 들어가는 돈은 항상 늘 일부에 불과한 구조일 수밖에 없다. 앞으로 주가가 오를 것이라고 예상해서 살던 집을 팔거나 살고 있던 집의 전세보증금을 빼서 월세방으로 이사 가며 주식에 투자하는 행위를 누가 하겠는가?

그렇기에 단순히 과거 데이터를 보며 "주식 투자가 더 낫네" 혹은 "부동산 투자가 더 낫네"라고 평가하는 것은 의미 없는 일이다. 그보다 부동산이라는 필수재에 대부분의 자산이 묶일 수밖에 없는 구조적 문제를 먼저 이해해야 한다. 그래서 부동산 투자 1건에 대한 의사 결정은 매우 중요하다.

09 — 부동산 투자는 생각의 전환이 필요하다

모름지기 진정한 투자자라면 투자의 본질을 알아야 한다. 투자의 종류, 방법, 장단점을 꿰뚫어 보는 혜안이 필요하다. 성공적인 부동산 투자를 위해서는 일단 부동산을 바라보고 대하는 기존의 생각을 전환해야 한다.

당장 현금이 없는 사람일지라도 자신이 거주하는 집은 누구나 있다. 자가든, 전세든, 월세든 집이 없는 사람은 없다. 그래서 자신이 가진 대부분의 자산이 거주하는 데 깔려 있다. 큰돈을 만들고 싶다면 당연히 큰 자산을 움직여서 이를 불려야 효과적이다. 거의 모든 자산이 부동산이라면, 발상의 전환이 필요하다. 즉, 부동산으로 자산을 불려야 한다.

필자는 누구나 갈망하는 경제적 자유를 이루는 가장 효과적인 방법이 부동산 투자라고 생각한다. 좀 더 확언해서 말하자면 "부동산 투자가 답이다!"라고 할 수 있다. 대한민국의 평범한 사람이라면 여러분의 자산 대부분이 월세보증금이나 전세보증금에 들어가 있을 것이고, 내 집을 가진 사람이라면 주택 구매 비용으로 자산을 사용했을 것이다. 가령 5억 원의 자산이 있는데 월세보증금으로 1억 원을 내고 남은 돈 4억 원으로 주식에 투자하는 사람이 얼마나 될까? 대부분 전세를 구해 4억 원 이상의 돈을 전세보증금으로 넣고 나머지 돈 몇천만 원으로 투자하는 모습이 일반적이다.

"앞으로 부동산 가격이 폭락하고 주식 투자가 전망이 더 밝을 것 같으니, 과감하게 지금 가진 집을 정리한 후 월세로 돌려서 그 돈을 주식에 투자하자!"

누구도 이런 투자 결정을 내리지는 않는다. 성공적인 투자를 결정짓는 것은 투자금과 수익률이다. 그리고 시간이라고 말했다. 사실 수익률은 비율이기에 주식이나 부동산이나 큰 차이가 없다. 다만 자산을 불려가는 데 결정적인 역할을 하는 요소는 투자금의 크기다. '100만 원 투자 시 수익률 10%'와 '1억 원 투자 시 수익률 10%'는 버는 돈의 크기가 다를 수밖에 없다.

투자에서는 '통찰'이 절대적으로 필요하다. 주식에 투자해서 반

자본심資本心

토막이 되었다고 울상짓는 사람은 많이 봤어도, 부동산 투자로 반토막이 난 경우는 거의 보지 못했다. 특히 부동산은 비교적 안정적인 레버리지 기능을 쓸 수 있다. 다시 말해서 전세를 낀 갭gap투자나 LTV를 활용할 수 있다. 내 돈이 들어가지 않는 안정적인 레버리지다. 필자는 자산을 불리는 데 더 효과적이고 안정적인 방법, 남들과 다른 의사결정, 즉 통찰을 말하고자 한다. 부동산으로 돈을 버는 통찰이다.

5억 원짜리 집을 현금으로 다 주고 사는 사람은 드물다. 대부분의 사람은 대출받아서 집을 산다. 혹은 전액 대출이 아니더라도 해당 집에 4억 5,000만 원의 전세가 들어가 있다면 내가 그 집을 사기 위해서는 현금 5,000만 원만 있으면 된다. 그런데 그렇게 산 집의 가격이 5,000만 원 오르면 단순히 5억 원 대비 10%가 오른 게 아니다. 내 투자금 5,000만 원에 5,000만 원이 더 늘어났으니 투자 측면에서는 100%의 수익률을 달성한 것이다.

필자의 경험상 5억 원짜리 집의 가격이 5,000만 원 정도 오르는 일은 흔하고 일반적인 일이다. 그러니까 자신의 자산 비중이 가장 큰 부동산 자산을 늘려가는 전략이 내 자산을 불리는 가장 효과적이면서도 똑똑한 방법이다. 집을 늘려가든, 투자로 1채를 더 사든간에 부동산에 묶인 자산을 움직여야 한다. 당연히 다른 어떤 방법보다 투자금이 큰 만큼 수익도 높다. 그러니까 투자에 대한 시각과 생각을 바꾸어야 한다. 과감한 발상이 필요하다.

"거주하는 집으로 투자한다고? 미친 거 아냐?"

이런 말을 하는 사람도 있을 것이다. 그러나 한번 자세하게 따져보자. 부동산은 기본적으로 거주의 개념이 들어가 있다. 따라서 돈이 많이 들어간다. 한국에 살면서 5억~10억 원의 자산을 가진 사람을 중산층이라고 가정해보자. 대한민국 중산층은 대부분의 자산을 주거비로 쓴다. 즉, 주거비는 대표적인 필수재다. 집이 없는 사람은 없다. 여기서 생각의 전환이 필요하다. 큰돈으로 묶이는 주거비 이외의 여윳돈으로 투자하는 것이 아니라 큰돈이 되는 부동산을 안정적으로 관리하면서 그 자산이 점점 우상향하도록 전략을 바꾸자는 것이다. 돈은 그렇게 굴려야 한다.

안타깝게도 대부분의 사람은 주식이나 코인 등에 투자한 몇백만 원에 목숨을 건다. 주식 투자는 수익을 눈으로 바로 확인할 수 있으니까 더 그렇다. 하지만 실제로는 그럴 시간에 차라리 큰돈이 들어간 내 부동산을 어떻게 유지하고 관리할지 신경 쓰는 게 어느 면으로 봐도 훨씬 이득이다.

자본심資本心

공부하지 않는 투자는
필패의 지름길이다

갭투자든, 경매 투자든 공부 없이 덤비면 필패必敗한다. 공부하지 않고 무작정 투자하는 행위는 군인이 총도 없이 무모하게 전쟁터에 나서는 일과 같다. 대표적인 재테크 수단인 주식은 특별히 공부하지 않은 상태에서도 소액으로 매매를 경험해볼 수 있지만, 부동산은 투자하는 금액 자체가 최소한 몇천만 원 정도다.

누군가에게는 이 몇천만 원이 소액이겠지만, 다른 누군가에게 몇천만 원은 전 재산일 수도 있다. 아무튼 부동산 투자는 다른 투자와는 금액의 크기가 다른 만큼, 무작정 섣불리 투자하면 안 된다. 공부를 정말로 많이 해야 한다.

부동산 투자를 공부할 때는 기본 원리와 개념부터 제대로 공부해보기를 권한다. 방법은 여러 가지가 있다. 사실 필자가 가장 많이 듣는 질문 중 하나가 부동산 공부 관련 질문이다. 요즘은 양질의 강의를 누구나 쉽게 무료로 접할 수 있고, 잘 찾아보면 4~5주짜리 정규 강의도 많다. 부동산 투자 강의를 제대로 고르려면 시중에 있는 여러 종류의 강의 중에서 1~2편 정도의 강의를 들어보고 본인에게 맞는 강의를 선택해서 공부하면 된다. 공신력을 갖춘 부동산 전문가들이 출간한 책도 큰 도움이 된다.

몇천만 원의 자금을 모아서 실제 부동산 매매를 하고 싶다면 기본적으로 최소 3개월 정도는 공부하고 실행하는 게 좋다. 다만 3개월이라 해도 열심히 공부해야 한다. 어렵다고 느끼는 부동산 용어에 친숙해지고, 부동산 투자를 권하는 사람들의 생각에 동화되기까지는 평균적으로 적어도 3개월은 걸린다.

한편으로 공부도 중요하지만, 부동산 투자에 대한 기존의 고정관념을 바꾸는 일도 중요하다. 과거에는 '부동산 투자'라고 하면 왠지 투기라는 사회적 인식이 널리 퍼져 있었다. 오늘날에는 사람들의 이런 편견이 사라지고 부정적인 생각이 많이 희석되기는 했지만, 부동산을 안정적이고 건설적인 투자처로 생각하는 사람은 놀랍게도 생각보다 드물다. 즉, 부동산은 투자 자산이라는 생각보다 투기, 도박이라는 인식이 아직도 남아 있다.

대중의 고정관념이 아직까지는 주로 이렇다 보니 자산을 불리고 증식하는 데 가장 효과적인 부동산 투자에 관한 고정관념부터 바꾸는 것이 부동산 공부의 출발점이다.

10 — 부동산 투자 공부는 어떻게 시작할까

모든 사람이 재벌이 될 수는 없다. 그러나 자신의 존재가치를 지켜내고 억지로 하기 싫은 일을 하지 않으며 사는 삶 정도는 누구나 만들어갈 수 있다. 물론 그러기 위해서는 당연히 노력과 공부가 뒤따라야 한다. 우리가 살아가는 자본주의의 경제 논리, 돈이 흘러가는 곳, 시대의 분위기를 간파해야 한다. 무엇보다도 돈이 흘러가는 곳에 관심을 두고 공부해둘 필요가 있다.

정보를 얻는 곳으로는 유튜브 채널이 대세다. 또 카카오톡 오픈 채팅방이나 여전히 인기가 많은 블로그(블로거)도 참고할 만하다. 지금처럼 정보의 홍수 시대에서는 옥석玉石 가리기가 성패를 가른다. 유튜브 정보는 비유하자면 조각 지식이다. 따라서 조각이 잘 달라붙을 수 있도록 뼈대를 튼튼히 하고 기초를 쌓는 공부가 필요

자본심資本心

하다. 부동산 유튜버나 유명 저자 중에서 마음에 드는 사람을 고른 후 그 사람이 말하는 내용을 쭉 따라가면 좋다. 그 사람이 제시하는 투자의 로드맵을 따라가는 것이다.

어느 분야든지 모든 분야는 깊이 들어갈수록 종류가 세분화되고 전문성도 특화되기 마련이다. 부동산도 세분화와 전문화가 이루어져 있다. 상가, 재개발, 재건축, 청약, 경매, 토지 등이다.

서점에 들러서 처음으로 부동산 투자 관련 책을 고를 때는 일단 기존의 베스트셀러부터 읽는 것이 좋다. 높은 판매량은 도서의 퀄리티가 어느 정도 검증되었다는 뜻과 같다. 그리고 신간을 살펴보는 것도 좋은 공부다. 최신 투자 경향과 트렌드를 파악할 수 있다. 책을 고르며 차례를 하나씩 살피고, 주제를 파악하는 일도 분명히 좋은 공부다. 꼭 책 1권을 다 읽는 것만이 공부라고 생각할 필요는 없다.

정말로 부동산 투자를 해보겠다고 결심했다면 당연히 1권으로는 부족하다. 적어도 10권 정도는 읽고 투자를 시작하기를 권한다. 책값은 더 많은 돈을 벌기 위한 투자금으로 생각하자.

물론 유튜브에도 분명히 도움이 되는 강의가 많다. 하지만 필자의 경험상 독서가 가장 효과적이다. 유튜브 강의로도 부동산 투자의 배경지식을 얻는 데 많은 도움을 받을 수 있다. 그러나 영상은 기본적으로 재생 속도가 있어서 내 이해 속도나 의지와 상관없이 흘러가지만, 책은 내 속도와 의지에 맞추어서 1줄씩 읽어 내려가야 한다. 지식은 그렇게 머리에 담는 게 좋다. 이렇게 하면 당연히 생각하는 힘도 기를 수 있다.

주변의 부동산 전문가를 만나서 도움을 받을 수도 있지만, 이것도 쉬운 일이 아니다. 혹자는 부동산 중개인을 부동산 전문가로 착각할 수도 있다. 물론 그들은 일반인보다 많은 부동산 용어나 정보를 알고 있지만, 엄밀히 말하자면 부동산 전문가는 아니다. 그래서 중개인의 말만 믿고 덜컥 투자했다가 큰 낭패를 볼 수도 있다. 어떤 투자든지 모든 투자는 스스로 결정을 내려서 실행해야 한다. 남이 추천해준 주식을 사서 돈 좀 벌었다는 사람을 찾아보기 어려운 것도 그래서다. 공부가 필요한 이유다.

부동산 투자도 똑같다. 되도록 많은 책, 세부 분야의 책을 두루 섭렵해야 한다. 읽다 보면 어느 순간 자신의 투자 금액, 투자 기질과 맞는 분야에 꽂히는 때가 있다. 경매든, 소액 아파트든, 땅이든 끌리는 대상이 마음에 와닿는 순간 말이다. 이것은 오랜 독서로 가능하다. 누가 강요하거나 추천한다고 저절로 일어나는 일이 절대 아니다. 대부분 책 속에 답이 있다.

과거에는 검증되지 않은 저자들이 그럴듯한 책 제목으로 독자들을 유혹하기도 했다. 그런 책은 막상 읽어보면 내용도 부실하고 뜬구름 잡는 듯한 이야기가 많았다. 하지만 모든 정보가 오픈된 요즘에는 많이 달라졌다. 업계에서 인지도가 좀 있는 분들은 책을 출간하는 동시에 유튜브 채널도 운영한다. 이런 분들이라면 검증이 되었다고 할 만하다.

자본심資本心

하나의 팁을 드리자면, 특정 유튜브 영상을 시청했는데 해당 내용이 본인과 잘 맞으면 그분이 집필한 책을 찾아보면 좋다. 그렇게 하면 잘못된 책을 고르는 실수를 줄일 수 있다. 혹은 전문가가 정기적으로 쓴 칼럼이나 유튜브에 쌓인 영상을 참고해도 좋다. 그리고 우리나라 부동산 정책은 부동산 투자 시장에 미치는 영향력이 어마하게 크다. 즉, 정책에 따라서 시장 상황이 크게 출렁이는 편이다. 따라서 부동산 뉴스가 뜨면 관심을 갖고 챙겨보는 일도 잊어서는 안 된다.

이처럼 공부를 통해서 나만의 기준을 세우는 것은 무엇보다 중요하다. 투자의 첫걸음을 어느 방향으로 어떻게 내딛느냐에 따라서 앞으로의 내 운명이 바뀐다.

11 — 부자가 되려면 알아야 할 인간관계의 진실

사람들의 말처럼 옷은 날개다. 옷은 내 이미지고, 때로는 나를 정의하는 기준이 되기도 한다. 여러분도 계절과 분위기, 그리고 기분에 따라서 입는 옷이 다양할 것이다. 잠시 우리의 인간관계를 옷이야기와 비교해서 설명하고자 한다.

옷장은 크기가 정해져 있다. 넣을 수 있는 옷에 한계가 있다는이야기다. 새로 산 옷이나 예쁜 옷만 골라서 옷장에 넣어도 금세옷장이 가득 찬다. 그러다 새로운 유행이 찾아오면 다시 새 옷을사서 옷장에 넣으려 한다. 이때 만약 옷장이 가득 차 있다면 어떻게 할까? 기존의 옷을 골라서 버려야 한다.

인간관계도 이와 비슷하다. 소중한 인간관계는 무한대로 넓힐

자본심資本心

수 없다. 당연히 한계가 있다. 그래서 우리는 내 옷장에 아무 옷이나 다 넣지 않는 것처럼, 여러 사람을 만나도 그들 모두와 고민 없이 아무렇지 않게 인간관계를 맺지는 않는다. 평소 잘 관리하지 않는 인간관계라면 옷장에서 옷을 버리듯이 정리하는 것이 맞다.

또한 우리는 옷의 질이나 비용을 떠나서 이왕이면 나와 잘 어울리는 옷을 옷장에 넣는다. 비싼 옷, 남들이 좋다고 말하는 옷이라 해도 나와 안 맞으면 재활용 쓰레기로 버릴 뿐이다. 인간관계도 똑같다. 내가 만나는 사람이 제아무리 똑똑하고 부자라도, 매력이 철철 넘치는 성격이라 해도 나랑 안 맞으면 끝이다.

처음에는 누구나 상대방의 한두 가지 장점에 끌려서 그 사람과 인간관계를 맺는다. 그런데 자꾸 만나다 보니 장점보다 단점이 더 많아 보일 때가 있다. 이런 사람은 계속 만날수록 부담이 되고 기분마저 개운하지 않게 만든다. 이럴 때는 과감하게 정리해야 한다.

특히 어린 시절에는 다들 인간관계의 폭을 넓히려고 애쓴다. 술 친구, 밥 친구, 여행 친구, 운동 친구 등 소재도 다양하다. 그런데 점점 세월이 흐르고 나이가 들수록 그동안 쌓은 수많은 관계를 예전처럼 잘 이끌어가기가 어렵다. 취향이나 생각이 변해서 그럴 수도 있고, 모든 관계를 원만하게 끌고 갈 만한 에너지가 부족해서 그럴 수도 있다.

그런데 사실 인간관계가 좁아지는 가장 큰 이유는 생각이나 가치관의 차이 때문이다. 안 맞는 것은 대개 특별한 이유가 있어서 그런 게 아니라 그냥 안 맞는 것이다. 공통점도 없고 그냥 같은 환경으로 묶인 관계인 만큼 억지로 맞추려다 보면 어느 한쪽이 일방적으로 참거나 손해를 봐야 할 수도 있다. 그렇게 지내다가 혹시라도 사이가 틀어져 원수로 헤어지는 것보다는 차라리 자연스럽게 멀어지는 게 좋다.

사람들을 많이 만나고 여러 관계를 맺어봐야 모두 좋은 인맥으로 남는 것도 아니다. 유행이 지났거나 몇 번 입어보니 나와 안 맞는 옷이라면 고민하지 않고 버리듯이, 인간관계도 그렇게 정리해야 한다. 인간관계가 지지부진하면 인생도 지지부진해진다. 자연스럽지 않은 인연이라면 아무리 노력해도 자연히 멀어질 수밖에 없다.

한편으로 누구나 유행과 상관없이 비록 오래되었어도 아끼는 옷들이 있기 마련이다. 그런데 그 옷을 입고 싶어도 체형이 변해서 입지 못할 때가 있다. 과거에는 그 옷을 소화할 수 있을 만큼 체형도 좋고 젊었는데, 흘러가는 세월 때문에 변한 것이다. 입고 싶은 옷도 어울리지 않는 체형이라면 입을 수 없다. 소위 핏이 맞지 않아서 소화할 수 없다. 그래도 엉뚱하게 변한 체형은 관리하면 충분히 되돌릴 수 있다. 마찬가지로 부자가 되려면 좋은 인간관계를 만들어야 하기에 나 자신을 갈고닦는 일을 게을리해서는 안 된다.

인간관계의 본질은 숫자, 즉 양이 아니다. 양보다는 질이 중요하다. 양질의 인간관계를 만드는 것은 내가 관건이다. 좋은 인간관계를 맺으려면 나부터 좋은 사람이 되어야 한다. 남을 탓할 게 아니라 내가 좋은 사람이 되는 것이 먼저다. 좋은 인간관계는 결국 내 노력 여하에 달려 있다.

부자의 길도 마찬가지다. 부자가 되고 싶다면, 당연히 부자가 내 옆에 있어야 한다. 부자의 생각을 닮고 부자의 투자법을 따라 하고 부자처럼 말하고 행동해야 한다. 이에 더해서 그런 사람이 내 주변에 머물도록 해야 한다. 내가 준비를 잘할수록 좋은 옷들이, 좋은 사람이 나에게 찾아온다. 사람은 누구나 잘나가는 사람, 도움이 되는 사람, 좋은 자극을 주는 사람과 어울리기를 원한다.

정리하면 나를 잘 관리하고 살피는 작업을 끊임없이 해야 한다. 필자는 좋은 인간관계의 진실이란 결국 나를 관리하는 작업이라고 생각한다. 이런 자기계발을 끊임없이 계속해야 좋은 인간관계가 끈 떨어진 연처럼 바람만 불어도 어디론가 날아가지 않고 내 곁에 소중히 오랫동안 남는다.

현재 부자이거나 부자의 길로 들어선 사람들은 생각 자체가 부자다. 필자는 내 옷장에 생각이 후진, 속된 말로 굉장히 구린 사람이 들어오지 못하도록 철저히 관리하는 편이다. 그런 사람은 아무리 만나봐야 이로울 게 없음을 진즉에 깨달았다. 어울리지 않는 이상한 옷을 한 벌이라도 넣으면 옷장의 전체적인 분위기가 망가지고 엉망진창이 된다. 나를 위해 좋은 옷, 좋은 옷장을 만들자. 그리고 좋은 옷을 사고 이를 잘 관리하는 것도 중요하지만, 그에 앞서서 나 자신을 제대로 갈고닦지 않으면 이 모든 이야기가 헛일이 되고 만다. 나를 잘 관리하자.

자본심資本心

행복을 좌우하는
실체를 깨달아야 한다

돈이 많으면 모든 고민이 사라지고 행복해질까? 단순히 부자를 넘어서 재벌만큼 큰돈이 있다면 근심과 걱정이 단번에 사라질까? 재벌이 아니라서 잘 모르겠지만, 아마도 돈이 계속 늘어나는 것에 비례해서 행복이 무한대로 커지지는 않을 것이다. 예전에 읽은 기사 중에서 이런 내용을 다룬 기사가 있다. 정확한 금액이 기억나지는 않지만, 사람들은 일정 수준의 돈을 벌 때까지는 어느 정도 행복하다고 느낀다. 그런데 벌이가 일정 수준을 넘어가면 그때부터는 수입과 행복도가 비례하지 않는다는 내용의 기사였다.

사람은 누구나 단 한 번 태어나서 살다가 죽는다. 이는 그 누구도 바꿀 수 없는 인간의 숙명이다. 한 번뿐인 인생이라면 하루하루를 행복하게 살아야 한다. 하지만 우리가 그렇게 바라는 '행복'이 모두 돈과 연관된 것은 아니다. 물론 돈으로 많은 것을 해결하는 세상이니 돈이 많을수록 어느 정도는 행복하겠지만, 그렇다고 절대적인 것도 아니다. 그럼 사람은 언제 행복을 느낄까?

아무리 돈을 많이 버는 일을 하더라도 내 의지와 맞지 않는 일이라면 돈은 좀 벌 수 있을지 몰라도 마음은 전혀 행복하지 않을 것이다. 이 말은 결국 인간의 행복은 자유의지와 연관이 있다는 뜻이다. 흔히 일하는 게 고통스럽다고 하지만, 자발적으로 원해서 하는 일이라면 밤을 새워도 고통을 느끼지 못한다. 오히려 내가 뭔가 해내고 있다는 자부심과 행복감이 파도처럼 밀려든다. 내가 하고 싶은 일을 하는 거니까 힘들어도 행복한 것이다. 즉, 행복은 자유의지에 달려 있다. 어떤 일, 어떤 행동을 하더라도 내가 자유롭게 의지를 갖고 하느냐가 중요하다.

회사에 출근하는 이유가 오직 돈 때문이라면 큰돈을 벌어도 행복할 수 없다. 1억 원을 벌면 행복할까? 그러면 3억 원을 벌고 싶을 것이다. 3억 원을 벌었다면? 5억 원, 10억 원을 바랄 테고 그러다 점점 시간이 지나면 100억 원 벌기를 바랄 것이다. 돈 욕심은 끝도 없고 만족도 없다.

결국 돈의 크기는 행복을 결정하지 못한다. 돈을 벌수록 점점 더 많은 돈을 버는 데 시간을 사용하게 된다. 그러니까 돈의 액수에 너무 집착하지 말자. 그 길은 돈의 노예가 되는 길이다.

행복은 자유의지가 결정한다. 자유의지가 돈보다 더 중요한 이

자본심資本心

유다. 돈이 많아도 내가 원하는 대로 살 수 없다면 행복할 수 없다. 물론 자유의지의 상당 부분은 돈의 역할이 크게 작용한다. 어떤 일을 원하고 어떤 물건을 가지고 싶다면 돈이 있어야 한다. 그래서 돈이 너무 없어도 자유의지가 망가진다. 결론은 적절한 수준의 돈벌이가 중요하다는 이야기다.

필자는 부자가 되겠다는 생각보다 자유의지를 손상하지 않는 수준의 돈벌이가 중용中庸이라고 생각한다. 직접 어느 정도 돈을 벌어본 후에 내린 결론이다. 여러분도 어느 정도 부를 이루었다면, 더 이상은 돈을 더 벌기 위해서 본인의 자유의지를 손상하는 일은 하지 않았으면 좋겠다. 그 길은 돈의 노예가 되는 길이다. 알다시피 돈의 액수에 대한 집착은 끝없는 욕망이기 때문이다. 그러니 어느 정도 돈을 벌면 그다음부터는 일을 하나의 게임이라고 생각하고 재미있게 임했으면 좋겠다. 현재 내 주위의 소중한 것들을 돌보면서 말이다.

12
—

대기업에 다니면
인생이 바뀔까

대한민국에서 대기업에 다닌다는 것은 쉽지 않은 일이다. 어렸을 때부터 많은 시간과 노력과 비용을 들여야만 가능한 일이다. 사람들이 초등학생, 중학생 때부터 성적 관리를 하고 외고(외국어고등학교)니 특목고(특수목적고등학교)니 하는 고등학교에 진학한 후, 대학교도 소위 SKY라 불리는 엘리트 코스를 밟는 이유 역시 좋은 회사, 좋은 직업을 갖기 위한 투쟁이다. 오늘도 수많은 사람이 꿈을 먹고 자라야 할 10대 초반부터 젊음을 만끽해야 할 20대 중반 이후의 삶을 오로지 대기업 입사나 좋은 직업을 얻는 데 사용한다.

수능을 앞둔 고등학생 중에서 실제로 인^{in}서울에 성공하는 비율은 10% 정도다. 우리나라에서 대기업에 적을 두었다는 것은 일반적으로 한 손에 꼽히는 서울 소재 대학교를 졸업했다는 것이다. 그

밖에도 여러 가지 스펙을 충분히 갖춘 인재만 대기업에 간다. 즉, 공부 능력만 놓고 보면 대기업 입사자는 대한민국 상위 5% 이내의 엘리트 집단인 것이다. 더군다나 요즘은 취업의 문이 더욱 좁아져 대기업 입사가 하늘의 별 따기만큼 힘든 일이 되었다. 절치부심, 우여곡절의 과정을 거쳐서 대기업에 입사하거나 자기 명함에 전문 직함을 당당히 새겨넣을 수 있게 되었다면 그야말로 부러움의 대상이 된다.

상위 5%에 들지 못한 나머지 사람은 어떻게 될까? 대개 소기업, 중소기업으로 갈 것이다. 그마저도 여의치 않으면 계약직 아르바이트로 밀려난다. 4년제 대학교를 졸업한 젊은이가 중소기업에 취업하면 약 3,000만 원 안팎의 연봉을 받는다. 그리고 아마 이 금액이 대한민국 대학교 졸업생들의 평균 연봉 수준이다. 이렇게 받으면 세금을 제하고 매달 통장에 찍히는 액수가 300만 원이 채 되지 않는데, 이 돈으로 저축도 하고, 연애도 하며, 자기 꿈을 펼치기 위해 자기계발도 한다. 이렇게 살면 팍팍한 삶을 살 확률이 높다. 이들에게 여유 있는 삶이란 책에나 존재하는 이야기로 남는다.

그렇다면 그토록 입사하기 어려운 대기업에 다닌다면 상황이 극적으로 변할까? 솔직히 말하면 크게 나아지는 상황을 기대하기 힘들다. 숫자로 살펴보자. 대기업 신입 초봉이 5,000만 원이라면, 세금을 제한 순수 월수입은 400만 원을 넘기가 어렵다. 20년 가까이 대기업 입사라는 목표만 바라보고 달렸지만, 몸에 와닿는 현실은 소위 멘붕(멘탈 붕괴)과 현타(현실 자각 타임)다. 월수입에서 아끼고 절약해서 60~70%씩 모아도 1년에 2,000만 원 이상 손에 쥐기 어렵다. 그렇게 무려 10년을 탈 없이 회사에 다니고 나를 끊임없이 희생하며 봉사해야 몇억 원의 돈이 모이는 구조다. 더 무서운 것은 여기에 결혼과 출산, 육아, 그리고 내 집 마련 이야기는 완전히 빠져 있다는 사실이다.

이런 상황에서 2022년 상반기를 기준으로 서울의 아파트 중윗값이 약 11억 원인 점을 생각하면 한숨이 절로 나고 다리에 맥이 풀린다. 물론 열심히 노력해서 대기업에 들어갔다는 것은 충분히 응원하고 그간의 수고를 격려해줄 일이다. 단지 지금 필자가 말하고 싶은 핵심은 남들보다 좋은 회사, 직업을 갖기 위해 오랜 시간 노력했더라도 경제적 자유라는 관점에서 보면 답이 나올 수 없다는 점이다.

물론 의사, 변호사, 세무사, 회계사, 변리사 등의 전문 직업군은 좀 더 많은 수입을 기대할 수 있다. 하지만 경쟁이 날로 더욱 치열해지는 요즘 사회에서는 그 확률도 더 낮아지고 있다. 즉, 전문직을 갖는다는 것은 대기업 입사보다 한결 더 어려운 일인데다가 설령 전문 직업인이 되더라도 경제적 자유 수준의 수입을 보장받지는 못한다.

방금 이야기한 대한민국 엘리트 코스를 밟고서도 답을 찾지 못한 많은 사람이 온라인, 오프라인 할 것 없이 필자의 강의를 듣고 부자가 되기 위해 투자 조언을 요청한다. 필자가 처음 강의를 시작하던 무렵에 부동산, 경매 관련 공부를 시작하는 사람들과 요즘 필자의 강의를 듣는 사람들을 비교해보면 경제력, 학력, 직업 등에서 큰 차이가 난다. 과거와 달리 지금은 명문대를 졸업하고 좋은 직업을 가진 사람들이 부동산 투자 공부를 한다.

이런 점으로 미루어본다면 대기업 입사가 모든 것을 해결해줄 '인생의 만능열쇠'가 아님을 알 수 있다. 가난했던 우리나라가 급속한 산업화 시대를 거치는 시기에 만들어낸 일종의 문화와 관습이 '대기업에 입사하면 만능열쇠가 생긴다'라는 철 지난 꿈을 만들어낸 것은 아닐까?

현재 MZ 세대의 부모들은 산업화 시대를 실제로 살았고, 그만큼 자신이 경험했던 과정과 결과를 중요시한다. 그러나 이제는 시대가 변했다. 인생에서 대기업 입사가 이상적이고 가장 적합하다는 판단은 과거의 경험만을 앞세운 편견에 불과하다. 실제로 현장에서 경험한 바에 따르면 이런 교육을 강조한 부모 세대와 그 영향을 받고 자란 MZ 세대 간의 마음 불편한 충돌이 곳곳에서 생생하게 느껴진다.

세월이 지날수록 유행이 변하듯이, 당연히 돈을 버는 흐름도 변하기 마련이다. 이런 흐름을 깨달아야 한다. 되도록 이른 나이에 돈을 잘 버는 테마와 흐름을 알아야 한다. 오래전에 남들이 만들어

| 요즘 성공하는 사람들 |

사례 정리
☐ TV 드라마의 원작이 된 웹툰 작가다.
☐ 구독자가 100만 명 이상인 유튜브 채널을 운영한다.
☐ 프로 게이머로서 세계 랭킹 1위 자리에 올랐다.
☐ 스마트 스토어 운영으로 월 매출 1억 원 이상을 달성했다.
☐ 프로축구, 프로야구, 프로당구 선수로 성공했다.
☐ 부동산 투자로 이른 나이에 파이어Financial Independence Retire Early, FIRE족이 되었다.
⇒ 성공의 정석이 없고 어떤 방식으로든 성공할 수 있는 시대다.

놓은 길을 뒤따르기보다는 자신의 장점을 살려서 자신만의 길을 스스로 만들어가는 사람이 주목받고 성공하는 시대다. 예를 들면 표의 사례와 같다.

필자 역시 이들처럼 남들이 정석이라 강조하고 말하는 길을 걷지 않았다. 대학교 1학년 때부터 부동산 투자에 관심을 가졌고, 용기 내어 실제 투자에 도전했다. 때때로 내가 가는 길이 옳은지, 잘 가고 있는지 자문했다. 그리고 정석대로 사는 주변 친구들과 나를 비교하며 내 선택을 두려워하고 의심했다.

그러다가 대학교를 졸업하고 군대까지 다녀온 후 20대 후반이 되어서야 노동하지 않고도 통장에 찍히는 400만~500만 원의 순수 월수입을 보며 비로소 확신이 섰다. 필자의 경제적 자유는 그렇게 시작되었다.

자본심資本心

행운의 신은 망설이지 않고 되도록 빠른 시기에 남다른 선택을 하는 사람에게 새로운 길을 열어준다. 어떤 아이템을 골라서 어떤 방법으로 투자해야 성공할지는 두 번째 문제다. 그보다 중요한 것은 틀에 박힌 생각과 타성惰性에서 벗어나기다. 생각의 전환이나 남다른 발상을 선행해야만 한다. 그것이 투자에 앞서서 우리가 갖추어야 할 기본이다.

그리고 투자의 길로 가야 한다. 자본주의 사회에서 투자하지 않고서는 부자가 될 수 없다. 그나마 대기업 직장인이라면 부자 되는 길로 부부가 맞벌이하는 길을 꼽을 수 있다. 신혼 때부터 열심히 맞벌이하면서 저축으로 많은 돈을 모으는 것이다. 다만 여러분에게 그런 선택지가 없다거나 아직 20대라면 자기가 잘하는 것의 중요성을 빨리 깨우치고 투자, 재테크 같은 길을 고려하며 부자가 되기 위해 마인드를 새롭게 세팅해야 한다.

13
요즘 대한민국 미혼 남녀의 현실

요즘 대한민국 남성은 평균적으로 33~34세에 결혼한다. 통계로 입증된 대한민국 남성의 결혼 적령기다. 대학교 졸업 후 군대까지 다녀와서 처음 취업하는 때가 28세 전후인데, 통계적으로 28세에 직장 생활을 시작해 5~6년 정도 지나면 결혼하는 추세다.

이런 상황에서 만약 5~6년 동안의 직장 생활로 1억 원을 모았다면 충분히 자부심을 가져도 좋다고 말하고 싶다. 그만큼 1억 원을 모으기란 정말로 쉽지 않은 일이다. 그런데도 냉정한 현실은 많은 이에게 또다시 절망감만 안겨줄 뿐이다. 칭찬까지 받으며 열심히 노력해서 저축한 1억 원으로도 결혼이라는 과정은 무모한 도전이기 때문이다.

이번에는 여성의 현실이다. 남성처럼 여성의 결혼 적령기도 예

자본심資本心

전보다 좀 늦어져서 30대 초반이 평균이다. 이런 상황에서도 대학교 졸업 후 5~6년 동안의 직장 생활로 1억 원 저축은 불가능한 일이다. 만약 어떤 여성이 그 기간 동안 5,000만 원을 저축했다면 놀라운 일이다. 솔직히 말해서 3,000만 원을 모았다는 여성도 찾아보기 힘든 것이 현실이다. 필자가 운영하는 유튜브 채널에 이런 내용을 영상으로 찍어서 올렸더니 반응이 뜨거웠다. 생각보다 많은 사람이 공감한다는 방증이다.

이제 좀 더 현실적인 이야기로 들어가 보자. 정말 열심히 살아온 결혼 적령기의 남녀가 1억 5,000만 원(남자 1억 원, 여자 5,000만 원)을 모았다고 가정해보자. 우선 거의 불가능한 일을 해낸 그들에게 박수를 보낸다. 이렇게 두 사람이 일개미처럼 열심히 모은 결혼 자금 1억 5,000만 원으로 필자가 달콤한 미래를 한번 설계해보겠다.
아마 신혼살림을 장만하는 데 적잖은 돈이 들어갈 테고, 나머지 돈은 작은 전셋집을 마련하는 데 모두 들어갈 것이다. 물론 지금 대한민국에서 전세자금 마련은 양가 부모의 도움이 있어야만 가능한 일이다. 따라서 필자는 이 가상의 젊은 부부가 양가 부모의 도움을 받고 자신들의 돈을 거기에 보태 전세금을 마련한 것으로 설정하겠다. 사실 우리 현실도 대부분 그렇다.

이렇게 두 사람은 애써 모은 1억 5,000만 원을 모두 써버렸다. 하지만 아직 두 사람 모두 직장에 다니니 맞벌이한다는 사실이 그나마 위안거리가 된다. 한 사람당 세후 250만~300만 원 정도의 월수입이 들어올 테니, 둘이 합치면 매달 약 500만~600만 원이 통장에 들어온다. 그토록 사랑하는 사람과 달콤한 신혼 생활을 하며 500만~600만 원의 월수입이라면, '결혼하기를 참 잘했다! 살 만하다!'라는 생각이 들 것이다. 이 금액으로는 사치를 부릴 수는 없어도 둘이서 오붓하게 누리고 싶은 일들을 하며 살 수 있다. 그런데 영원할 것만 같던 달콤한 이야기는 여기서 막을 내린다. 딱 여기까지가 천국이다.

남녀가 결혼하면 자연스럽게 아이가 생긴다. 짧으면 1년에서 늦더라도 결혼 후 3년쯤 지나면 대개 부부 사이에서 사랑의 결실이 태어난다. 아이를 키우는 일은 젊은 부부가 사전에 준비하고 마음을 다잡았더라도 대처하기 어려운 변수가 연속해서 벌어지는 일이다. 어디 그뿐인가. 생각보다 돈도 많이 든다. 게다가 여성은 출산 시기가 다가올수록 회사를 잠시 쉬어야 하는 상황이 발생할 수도 있다. 어쩌면 엄마로서의 고귀한 책무이자 의무인 출산과 육아를 전담코자 본의 아니게 '경단녀(경력 단절 여성)'가 되기도 한다.

문제는 여기서 발생한다. 바로 여성이 책임지던 절반에 가까운 월수입이 자의든, 타의든 사라지는 일이 벌어지는 것이다. 내 집 마련은커녕 전세대출금조차 아직 다 못 갚았는데, 기존 수입에서 절반이 날아가버린다. 어느샌가 앞으로도 들어갈 돈이 태산이고, 전혀 원하지 않았던 답답한 삶을 살게 될 수도 있다.

자본심資本心

| 결혼 후 늘어나는 지출들 |

	사례 정리
☐	모아두었던 돈을 집 구하는 데 썼다. 혹자는 전세대출금 이자를 갚느라 다리가 후들거린다.
☐	싱글일 때는 신경 쓸 일도 아니었는데, 양가 경조사를 챙기는 데 드는 비용도 만만치 않다.
☐	마침내 아이가 생겼다. 기쁜 일이지만, 좋은 음식, 좋은 교육, 좋은 환경을 만들어주기 위한 양육비가 상상 이상으로 많이 들어간다.
⇒ 시간이 지날수록 수입은 줄어드는데 지출은 늘어난다.	

시간이 지날수록 슬슬 궁핍한 삶이 시작된다. 단기간에 해결할 수도 없거니와 쉽게 해결되지 않을 쪼들림이다. 상황이 점점 나아질 거라는 희망이라도 있다면 힘들어도 참을 수 있지만, 상황은 생각보다 녹록지 않다. 만약 이런 상황에서 내 소유로 된 집이 없다면 정말 큰일 난 것이다. 결혼 후에 늘어나는 대표적인 지출을 살펴보면 표의 사례와 같다.

이런 사례는 누구나 단 몇 분이면 쉽게 생각해볼 수 있는 눈앞의 현실이다. 아직 싱글인 젊은 남녀에게도 몇 년 후에 닥칠 생생한 이야기다. 손바닥을 들여다보는 것처럼 앞이 너무 잘 보이는 게 탈이라면 탈이다. 우리나라 출산율이 세계 최저 수준에 머무는 것도 바로 이런 이유가 반영된 결과다. 해마다 100만 명 이상이 생산 가능 인구에서 이탈하지만, 새로 태어나는 신생아 숫자는 30만 명 아래로 떨어진 게 현실이다. 바야흐로 인구 절벽의 시대에 도달했다.

주위를 둘러보면 결혼은 해도 아이를 갖지 않겠다는 사람들이 참 많다. 이런 분위기가 MZ 세대의 결혼관으로 자리 잡은 것 같다. 미혼의 똑똑한 MZ 세대는 암울한 미래가 두렵고 답답할 수밖에 없다. 따라서 '5포(연애·결혼·출산·주택·인간관계를 포기한 사람)' '7포(연애·결혼·출산·주택·인간관계·꿈·희망을 포기한 사람)', 한발 더 나아가 뭘 더 포기해야 할 것만 같은 'N포' 이야기가 젊은이들 사이에서 너무나 쉽게, 아무렇지 않게 회자된다. MZ 세대는 씁쓸하지만 이런 현실을 받아들이며 산다. 기성세대와 자본주의 시스템에 절망하고 분노하면서 말이다.

우울한 이야기를 늘어놓는 필자의 마음도 무겁고 아프다. 그렇더라도 이제 막 직장 생활을 시작한 사람, 사회 초년생 시절을 잘 견디고 인생을 바꿀 새 계획을 세우는 사람, 그리고 삶의 중요한 이벤트인 결혼을 고민 중인 사람이라면 몇 년 후 자신에게 다가올 미래를 진지하게 그려볼 필요가 있다.

인간에게는 앞으로 닥칠 불행이나 어려움을 애써 외면하려는 심리가 내재되어 있다. 현실을 외면한 채로 현재 상황에 애써 만족하려는 회피 심리다. 곧 나에게 다가올 불행한 일들은 심각하게 고민하지 않는다. 그렇게 귀한 시간을 다 흘려보내다가 결국 현타를 겪고 좌절하는 사람들도 많다. 따라서 마음이 답답해지더라도 이런 상황을 예상해보면서 탈출구를 미리 만들어두어야 한다.

남들처럼 되기 전에 남들과 다른 뾰족한 묘수를 찾고 실천하자. 흔한 종류의 비유지만, 세상에는 두 부류의 사람이 있다. 알면서도 속수무책으로 당하는 사람, 잘 아니까 궁리해서 묘수를 찾는 사람이다. 여러분은 어떤 사람으로 살 것인가?

14
—
눈앞의 편의보다는
넓은 시야로 봐야 한다

앞 챕터에서 소개한 가상 현실은 사실 현재 MZ 세대가 당면한 실제 상황이다. 특히 결혼을 앞두고 있다면 곧 더 큰 비극이 쓰나미처럼 닥쳐올 것이다. 이를 명확하게 인지해야 한다.

　이런 상황에서 전세로 입주했거나 입주할 예정이라면 집에 대한 진지한 고민이 필요하다. '전셋값이 2년마다 엄청나게 오르는구나!'라는 고민에서 출발하자. 앞에서 말했던 가정을 한 번 더 해보겠다. 양가 부모의 도움이 없다는 가정 아래 결혼 예정인 남녀가 1억 5,000만 원을 모았다고 가정해보자. 평범한 직장인이라면 정말 열심히 모은 액수다. 일단 이 돈으로 살림살이를 장만해야 한다. 그리고 이제 남은 돈으로는 신혼집을 얻어야 한다. 이때 다음의 세 가지 선택지가 있다.

　　　　　　　　　　　　　자본심資本心

① 월세

② 전세

③ 자가

대부분의 미혼 남녀는 결혼할 때 ①번이나 ②번을 선택한다. ③번처럼 자가로 시작하는 사람은 정말 드물다. 금수저나 은수저로 태어나야 가능한 일이다. 따라서 자가는 일반적인 상황이 아닌 만큼 논외로 한다. 남은 것은 월세와 전세다. 이 부부도 다른 사람들처럼 자신들이 모은 돈에다 은행에서 전세대출금을 추가로 융통해서 전세보증금을 마련한다. 이렇게 시작하는 모습이 일반적이다. 각자의 형편마다 다르겠지만, 대부분 아마 2억~3억 원의 자금으로 시작할 것이다.

그런데 이 돈으로는 일단 아파트 전세는 구하기가 어렵다. 지방이라면 그래도 가능한 일이겠지만, 특히 서울이라면 전세는 꿈도 못 꿀 금액이다. 현재 서울 30평대 아파트 평균 전셋값은 6억 원 안팎이다. 조금 연식이 있는 구축 아파트도 최소한 4억~5억 원 정도는 있어야 한다. 빌라라고 해도 전철역에서 가까운 신축은 당연히 구하기 힘들다. 그나마 2억~3억 원으로 구할 수 있는 매물은 교통이 별로 안 좋은 곳에 있는 투룸 또는 많이 낡은 쓰리룸 구축 빌라 정도다. 이것이 현실이다.

여차여차해서 2억~3억 원짜리 빌라를 전세로 얻었다고 하자.

결혼해서 두 사람이 매달 500만~600만 원씩 벌 때는 금전적으로 광장히 풍족하다. 전세대출금 이자를 내도 크게 부담이 가지 않을 정도의 수입이다. 그런데 이때 한 가지를 더 준비해야 한다. 곧 아이가 생긴다는 사실과 그 밖에 눈앞에 닥칠 전혀 낭만적이지 않은 미래에 대비하는 것이다. 부부가 둘 다 이런 인식을 공유하면 좋지만, 그게 아니라면 둘 중 한 사람이라도 이런 생각을 해야 한다. 최악의 경우는 둘 다 아무 생각 없이 사는 상황이다. 참고로 그래서 요즘에는 배우자를 고르고 만날 때 특히 경제관이나 재테크에 관한 생각이 나와 잘 맞는지도 따져봐야 한다.

신혼 때는 저축할 수 있는 최대치의 돈을 모아야 한다. 두 사람 수입에서 최소한 70~80%를 저축해야 한다. 이 시기를 그냥 흘려보내면 미래가 힘들어진다. 좀 더 허리띠를 졸라매서 80~90%를 모을 수 있다면 좋겠지만, 그 정도 비율이라면 각자의 상황에 따라서 선택할 문제다. 그래도 적어도 70~80%는 모아야 한다.

사람들은 대부분 결혼 후에 살 주거지를 전세로 시작한다. 2년 후 전세 만기가 도래했을 때 저축을 많이 해둔 생활력 좋은 부부라면 몇 가지 선택지를 마주할 수 있다. 즉, 전세를 연장할지, 아니면 2년간 모은 돈을 보태서 더 좋은 입지의 넓은 전셋집으로 갈지, 그것도 아니면 대출을 더 받아서 집을 살지 등의 선택지다.

필자는 여기서 대출을 더 일으켜서라도 내 집을 사는 부부가 진정한 승리자라고 생각한다. 특히 여건만 된다면 되도록 아파트를 사라고 권한다. 과거 사례에서 확인할 수 있듯이 당장은 다소 부담이 되더라도 집을 살 때는 아파트를 사는 것이 투자자의 시각에서 볼 때 올바른 판단이다. 만약 아파트를 사기로 했다면 그동안 돈을 모았다 해도 서울은 힘들고 경기도 소재 구축 아파트로 가게 될 것이다. 비록 교통이 더 안 좋은 구축 아파트를 샀더라도 이런 부부의 장래는 밝다.

그런데 집을 사는 대신에 출퇴근이 편한 곳에 있는 신축 빌라나 현재 사는 곳에서 가까운 데 있는 아파트에 다시 전세로 들어간다면 거기서부터 차이가 생긴다. 처음에는 그 차이를 별로 느낄 수 없겠지만, 시간이 지날수록 점점 더 급격하게 체감하게 될 것이다. 만약 한 번 더 전세로 산 후에도 또 집을 사지 않은 채로 전세에 머문다면 정말 최악의 선택이 된다.

전세 만기일이 다가오는데 모아놓은 돈이 없다면, 이때 드는 생각이 있을 것이다. '우리에게는 계약갱신청구권이 있잖아!'라는 생각이다. 이런 부부는 이렇게 임차인을 위한 「주택임대차보호법」에 기대어 '5%만 올려서 내고 2년 더 살자'라고 결정할 확률이 높다. 이렇게 부동산에 대한 진지한 고민 없이 당장의 편의대로 판단하고 선택하면 집을 사는 일은 점점 어려워질 뿐만 아니라, 당연히 부자도 될 수 없다. 계약을 갱신해서 결혼 후 2년에 2년을 더해 총 4년을 전세로 사는 동안 집값은 당연히 가파르게 오를 것이고 전셋값도 2배 가까이 뛰어오를 것이다.

나중에 이런 현실을 맞이하고 그제야 '아, 진짜 큰일 났다! 어쩌지?'라고 생각하며 깜짝 놀라서 펄쩍 뛰어봐야 소용없다. 가지고 있는 전세보증금에 맞추어서 외곽으로 더 밀려날 뿐이다. 어디 그뿐인가. 그동안 두 사람 사이에는 아이가 태어날 것이고, 육아 문제로 아내가 직장을 그만두는 상황까지 찾아오면 수입이 절반 정도 날아가 있을 것이다.

이처럼 결혼 후 한 번은 전세로 사는 것을 어쩔 수 없다고 쳐도, 두 번이나 전세로 살면 모든 것이 바뀐다. 여기서 핵심은 집을 살 최적의 시기는 결혼 후 첫 전세 만기가 돌아오는 때라는 점이다. 이 사실을 알아야 한다.

한편으로 많은 사람이 놓치는 게 하나 더 있다. 바로 월세라는 선택지다. 외국과 달리 우리나라에서는 정서상 월세를 선호하지 않는다. 매달 내는 월세가 아깝다고 생각하는 것이다. 이런 인식은 남녀노소 모두 공통으로 나타난다. 그러나 필자는 일반적인 해법이 아닐 수도 있지만, 처음부터 전세를 포기하고 월세를 선택하는 것도 방법이 될 수 있다고 본다.

저마다 다른 수입과 지출 상황을 면밀하게 따져보고 내려야 할 판단이겠으나, 결국 부동산 투자는 시간 싸움이다. 즉, 한시라도 빨리 사야 여러모로 이득이다. 월급 상승분은 집값 상승분을 절대 따라갈 수 없다. 집을 사지 않는다면 시간이 지날수록 빚만 더 늘어날 뿐이다. 따라서 처음부터 전세보증금으로 돈을 묶어두지 말

자본심資本心

고, 눈을 돌려서 지방 도시의 저렴한 아파트라도 1채 사두면 2년이나 4년 후에는 자산의 크기가 엄청나게 늘어나 있을 것이다. 반면에 전세로 집을 구했다면 모든 자산이 보증금으로 묶인다. 그래서 결혼을 앞둔 사람이라면 전세 대신 월세로 생활하는 것을 한번 생각해볼 필요가 있다.

누구나 결혼 후에 신혼생활을 시작할 신혼집은 예쁜 곳이었으면 하는 소망이 있다. 두 사람이 사는 집이지만 널찍한 거실을 포함해 방도 쓰리룸이기를 바랄 테고, 출퇴근이 편한 역세권이면 좋겠으며, 주말이면 문화생활을 즐길 수 있는 편의시설까지 갖춘 동네에 살고 싶은 소망이 바로 그것이다. 그러나 이런 조건을 충족하려면 주거비가 많이 든다. 수억 원이나 들어갈 전세보증금에 '똑똑한 이자'가 붙는 것도 아닌데, 이런 큰돈이 꽁꽁 묶인다면 너무나 아까운 일이다.

결국 돈이 다시 돈을 만드는 부동산 시장의 시스템을 외면한 채로 전세로 사는 결정을 내린 대가는 혹독하다. '그래도 전세가 월세보다 안정적이고 남들 보기에도 좋지'라는 생각을 가진 주변 사람의 이야기를 듣고 전세로 산다는 결정을 내릴 수도 있다. 그러나 이런 사고는 현실을 모르는 낡은 생각이다. 따라서 전세보증금을 활용한 투자도 고려해봄 직하다.

이것은 2년, 4년 후를 내다보는 투자 혜안과 용기가 있어야 가능한 일이다. 눈앞의 작은 욕망을 내려놓고, 고정관념과 낡은 생각에서 벗어나야 한다. 좁은 월셋집에 살더라도, 대출을 일으켜서 이자를 내는 한이 있어도, 어딘가에 전세를 끼고서라도 내 집 마련이 먼저다.

다만 방금 말한 내용 중에서 '어딘가에'는 주목할 필요가 있다. 현재 수도권의 집값은 상상을 초월한 지 오래되었다. 금수저나 은수저로 태어나지 않았다면, 수도권의 집을 살 수 있는 사람은 정말 소수에 불과하다. 이 말은 곧 전국으로 투자의 시야를 넓혀야 한다는 이야기다.

자본심資本心

가파른 가격 상승기에는
현명한 선택이 필요하다

임차인은 「주택임대차보호법」에 따라서 적어도 4년까지는 같은 집에서 전세로 사는 것을 보장받을 수 있다. 그러나 지금 대한민국에서 전세로 사는 게 정말 정답일까? 다달이 내야 하는 월세의 압박보다 더 무서운 것은 4년 후에 여러분에게 청구될, 기존보다 크게 오른 전세보증금이다.

가령 월세든, 반월세든 주거비로 다달이 내는 돈이 100만 원이라면 1년이면 1,200만 원, 2년이면 2,400만 원이다. 누가 봐도 큰금액이다.

이런 상황에서 전세보증금은 보증금이라는 단어의 어감상 안정적이라는 착각을 불러일으킨다. 전세보증금으로 주거비를 모두

대체하면 다달이 나가는 월세는 물론 없을 것이다. 하지만 몇 년 후 큰 폭으로 오를 전세보증금을 감당할 수 있을까?

이런 생각도 해볼 수 있다. '월세로 낼 돈을 계속 저축해서 전세보증금 인상분을 마련하면 되지'라는 생각이다. 이런 사람들에게는 혹시 이런 말을 들어봤는지 묻고 싶다.

"누구나 그럴듯한 계획이 있다. 한 대 세게 얻어터지기 전까지는 말이다."

전세로 사는 사람들이 흔히 맞이하는 경우를 말해보고자 한다. 몇 년 뒤에 가파르게 오른 전세보증금을 마련하지 못해서 기존 전세보증금 수준에 맞는 더 외곽 지역으로 밀려나듯이 이사를 하거나 원치 않았던 반월세를 선택하는 경우다. 반월세는 아시다시피 기존 전세로 돈이 묶인 상황에서 전세보증금의 상승분만큼을 월세로 내는 것이다. 결과적으로는 전세보증금과 월세를 모두 내는 이중 지출이라 할 수 있다.

처음부터 월세를 선택했다면 어땠을까? 2년 후에 월세가 오르더라도 2년간 전세로 묶일 뻔한 자금을 잘 활용해서 자산을 불리면 결과적으로 월세 지출보다 득이 된다. 이 점을 잘 파악해야 한다. 필자는 전세를 선택한 사람들이 겪는 엄중한 현실을 이야기하면서 동시에 선택의 차이를 말하는 것이다.

자본심資本心

| 수도권 월세 및 전세 비중 추이(2020~2022년 기준) |

단위: %

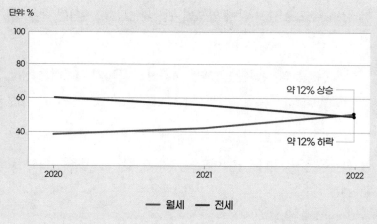

약 12% 상승

약 12% 하락

— 월세 — 전세

출처: 국토교통부^{molit.go.kr}

| 수도권 월세가 및 전세가 추이(2020~2022년 기준) |

단위: 만 원(좌: 월세가/우: 전세가)

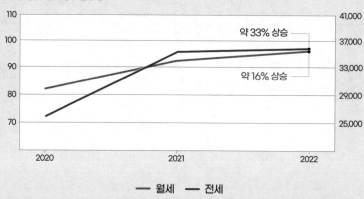

약 33% 상승

약 16% 상승

— 월세 — 전세

출처: 한국부동산원^{reb.or.kr}

전세가는 계속해서 오른다. 이런 상황에서 내 자산의 대부분을 전세보증금으로 깔고 앉아 있으면 부자의 길은 요원하다. 살아있는 돈이 아니라 죽은 돈을 만들지 말자.

이제 여러분의 선택만 남았다. 내 자산을 불리기 위해서는 정확한 전략을 세워야 한다. 전세로 계속 사는 것이 희망적일까, 아니면 월세로 살며 깔린 자산을 최소화해서 남은 자산을 투자로 불리는 선택을 할 것인가? 후자야말로 부자가 될 가능성을 만드는 길이다.

자본심資本心

15 — 부동산 투자는 하루빨리 도전할수록 좋다

앞에서도 말한 것처럼 필자는 21살 대학생 신분으로 첫 부동산 투자를 했다. 지나고 보니 그 결정이 인생에서 많은 것을 바꾸었다. 그래서 필자는 지금도 아파트든, 오피스텔이든 집은 되도록 어릴 때 장만해야 한다고 믿는다.

강의 현장이나 유튜브 채널 등에서 필자가 가장 많이 듣는 질문이 있다. "집을 사기에 좋은 시기가 있습니까?"라는 질문이다. 그때마다 필자는 이렇게 말한다.

"조금이라도 젊을 때 내 집을 장만하는 것이 중요합니다!"

집을 산다는 것은 인생에서 경험하는 여러 가지 이벤트 중에서도 비중이 정말 큰 이벤트다. 평생 자기 집 1채 가져보지 못한 채로 사는 사람도 생각보다 많다. 그래서 내 집을 갖는다는 것은 축하받을 만한 삶의 큰 이벤트 중 하나다.

특히 집을 사는 것은 삶의 질을 바꾸고 부자로 가기 위해서도 중요한 이벤트다. 집을 마련하는 과정에서 겪는 경험도 무시할 수 없다. 집을 사본 사람만 겪을 수 있는 여러 가지 실제 경험이야말로 부자로 가는 길에 피와 살이 되기 때문이다.

집은 언제 사야 좋을까? 젊을 때다. 과거의 필자처럼 20대 초반에 집을 사는 사람은 지금도 많지 않다. 부모로부터 상속이나 증여받는 경우를 제외한다면 말이다. 집 장만을 일찍 시작할수록 부자가 될 확률이 높다. 기회가 더 많아지니까 그렇다. 똑같은 행위를 하더라도 20~30대에 경험하는 것과 40대에 경험하는 것은 체감의 크기가 다를 수밖에 없다.

결국 1살이라도 젊을 때 집을 마련하는 것이 이상적이다. 다음 날, 다음 달, 다음 해로 미룰 일이 아니다. 당장 집을 사야 한다. 만약 결혼을 준비하는 사람이라면 전세를 포기하고 월세를 선택하는 것도 고려하자고 앞에서 말했다. 전세보증금으로 묶이는 돈을 내 집 마련의 투자금으로 삼자는 이야기다. 말로만 강조하기보다 직접 데이터를 살펴보며 현실을 파악해보자. 두 그래프를 통해서 2018~2022년 사이에 수도권과 전국의 매매가 및 전세가가 얼마나 올랐는지 보겠다.

자본심資本心

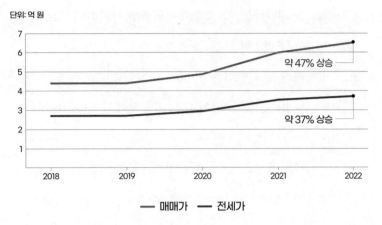

| 수도권 매매가 및 전세가 추이(2018~2022년 기준) |

단위: 억 원

약 47% 상승

약 37% 상승

— 매매가 — 전세가

출처: 한국부동산원

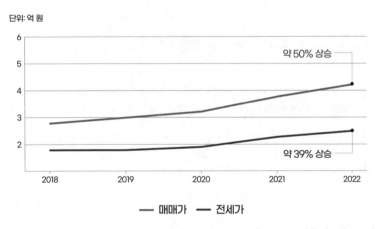

| 전국 매매가 및 전세가 추이(2018~2022년 기준) |

단위: 억 원

약 50% 상승

약 39% 상승

— 매매가 — 전세가

출처: 한국부동산원

살면서 우리가 버려야 할 고정관념들이 있다. 집에 대한 생각도 그중 하나다. 누구나 현재의 집값이 비싸다고 생각한다. 그러나 사실 집값은 늘 비쌌다. 이 말은 곧 앞으로도 예전보다 싸다고 느낄 만한 가격은 절대 못 만난다는 이야기다. 그런데도 사람들은 "지금은 집값이 너무 비싸. 좀 더 떨어지면 그때 사야지"라고 말한다. 이런 생각이 집을 못 사도록 만든다.

집값은 어제도 비쌌고, 오늘도 비싸며, 내일도 분명 더 비쌀 것이다. 혹시 10여 년 전에 부동산 폭락을 강조하며 앞으로 집값 하락 시대가 찾아올 거라고 말하던 사람들을 기억하는가? 결과적으로 부동산 시장은 폭락은커녕 정반대의 상황, 즉 폭등을 맞이했다. 당시에 떨어질 거라는 말만 믿고 집 장만을 미룬 사람들만 희생양이 되었다. 이렇듯 내 집 마련은 되도록 어릴 때 하는 것이 좋다. 상황만 된다면 당장 사기를 강력하게 권한다. 상대적으로 싼 지역을 고르거나 싸게 살 수 있는 방법을 배우면 된다.

어떤 일이든지 단계가 있다. 아직 종잣돈조차 마련하지 못한 사람이라면 일단 목돈부터 만드는 게 순서다. 필자의 주장은 이미 부자가 되었거나 금수저나 은수저인 사람을 대상으로 하는 것이 아니다. 대한민국의 평범한 사람들이 대상이다. 그래서 부동산에 대한 우리의 인식을 바꾸고 투자 시야를 넓혀야 한다는 데 방점을 둔 것이다.

정확하게는 결혼 후 2년 정도 전세살이를 한 사람들, 전세보증금에 더해서 은행 대출 레버리지 활용을 고민하는 사람들이 이번 이야기를 주의 깊게 들었으면 좋겠지만, 더 많은 사람이 듣는 것도 좋다. 현재 집을 살 만한 상황이나 형편이 아닌 사람이라면 필자의 조언을 기억했다가 준비가 되면 망설이지 말고 하루라도 빨리 집을 장만하길 바란다.

이번 챕터의 조언을 정리하면 다음과 같다.

"1살이라도 젊을 때 집을 사라!"

"내일로 미루지 말고 오늘 당장 집을 사라!"

"전세보증금이든, 은행 대출이든 레버리지를 적극적으로 활용하라!"

"현재 집을 살 형편이 안 된다면, 필자의 조언을 잊지 말고 상황이 될 때 바로 실행하라!"

"집값이 싸질 때를 기다리지 말고, 집을 싸게 살 수 있는 방법(경매, 공매 등)을 배우고 실천하라!"

16 — 넓은 강을 건너려면 징검다리 전략이 필요하다

대부분의 투자자는 지방이라고 하면 뭔가 투자처로서 매력이 떨어진다고 생각한다. 그런 생각은 고정관념이고 오해다. 부동산에 투자할 때는 굳이 수도권만 고집해야 할 이유가 전혀 없다. 게다가 초보 부동산 투자자라면 수도권 부동산 투자가 현실적으로 가능한 일도 아니다. 물론 집값이 다소 하락하는 시기라면 경매를 활용해 수도권에 집을 마련하는 것도 괜찮은 방법이다.

이처럼 부동산 투자자들이 투자를 통해 확실한 수익을 얻기 위한 전략을 짤 때는 지방으로 눈을 돌리든지, 아니면 경매 제도를 적극적으로 활용하는 등 고정관념에서 벗어나서 투자의 시야를 다방면으로 넓힐 필요가 있다. 우리의 뇌를 지배하는 고정관념이야말로 부자가 되는 길을 방해하는 훼방꾼임을 기억하자.

자본심資本心

그럼 잠시 서울의 집값을 살펴보자. 11억 4,283만 원. 이 숫자가 무엇을 의미할까? 바로 2021년 7월을 기준으로 한 서울 소재 아파트 평균 매매가다. 즉, 대한민국 국민이 가장 좋아하는 서울 소재 아파트 84m²(32평형) 가격이 약 11억 원대다. 2017년만 해도 평균 매매가가 약 6억 원이었는데 4년 만에 2배 가까이 치솟았다. 어마어마한 상승이다. 과연 서울만 그럴까? 실제 자료를 살펴보면 지역을 가리지 않고 모두 올랐다. 심지어 어떤 지역은 약 2.5~3배까지 오르기도 했다.

물론 최근 들어서 세계적인 인플레이션 압박으로 금리 인상 정책이 현실화되면서 집값이 하락하는 추세이기는 하다. 그러나 아무리 집값이 내려간다고 해도 2017년 수준까지 내려가지는 않을 것이다.

개인적인 견해로는 최근의 하락은 세계적인 경제 상황과 맞물려서 몇 년 사이 급격히 오른 가격 상승분이 일부 조정을 받는 과정으로 보인다. 특히 대한민국 국민 대부분의 자산이 부동산에 몰려 있다는 사실을 고려하면, 어떤 정부라도 폭락 수준의 집값 하락을 허용하지는 않을 것이다.

어쨌든 설사 아무리 집값이 내려간다고 한들 평범한 직장인이 10억 원 전후 가격대의 아파트를 사기는 어렵다. 현실이 이렇다면 아직 집이 없는 젊은 MZ 세대, 그리고 무주택자인 40대는 앞으로 어떻게 해야 할까?

세상사가 다 그렇듯이 부동산 시장도 내가 알고 공부한 만큼 제대로 보이기 마련이다. 모르면 고정관념에 사로잡혀서 포기할 수밖에 없다. 투자의 시야를 전국으로 넓히면 투자금 몇천만 원으로 노려볼 만한 물건들이 정말 많다. 그렇다면 이 중에서 옥석을 골라내는 안목이 있어야 한다.

고정관념을 바꾸는 것도 필요하다. 집을 사면 꼭 그 집에 들어가서 살아야 한다고 생각하는 사람이 많다. 그러나 부동산에 투자할 때는 내가 들어가 살 집, 즉 신축에 위치와 교통이 좋아야 하고, 평수도 넓은 집이어야 한다는 생각은 잠시 접어두자. 그런 집을 마련하는 사람은 굳이 부동산에 투자하지 않아도 이미 부자다. 평범한 사람이 이런 꿈만 꾼다면 내 집 마련은 요원한 일이 된다.

꼭 처음 사는 집에 내가 들어가서 살아야 한다는 법은 없다. 다시 말해서 부동산에 투자할 때는 부동산이라는 자산을 그냥 투자의 대상으로 생각하자는 이야기다. 이렇게 관점과 생각을 바꾸면 지방도 투자 대상지역으로 충분히 고려해볼 수 있다. 우리의 목적은 단번에 서울에 입성하는 것이 아니다. 초보 투자자라는 현실을 자각하고 투자금을 차근차근 불려가는 데 있다.

부동산 투자를 처음 시작하는 사람이라면 비싼 서울의 집을 한 번에 마련하기 힘들다는 현실을 인정하고, 몇 차례 반복 투자로 자산을 늘려가야 한다. 소위 넓은 강을 건너기 위한 '징검다리 투자 전략'이라 할 수 있다.

또한 앞에서 소개한 것처럼 경매 제도를 활용한 수도권 내 집 마런 전략도 고려해보기를 바란다. 특히 부동산 시장 분위기가 얼어붙어서 조정을 거치는 상황에서는 시세보다 저렴한 경매 매물이 시장에 많이 풀린다. 여유 투자금이 있다면 경매가 자산을 불리는 데 큰 도움이 될 것이다. 이와 관련해서는 파트 3에서 소개하는 투자 사례를 참고하기를 바란다.

17 —

부동산에 투자할 때는 시야를 넓혀야 한다

초보 부동산 투자자에게 지방에 투자하라고 조언한다면 어떻게 생각할까? 대부분 서울이나 수도권이라면 몰라도, 사람들의 관심이 별로 없을 것 같은 지역에 있는 부동산을 잘 모른 채로 덜컥 샀다가 낭패를 볼지도 모른다는 불안이 투자를 두렵게 만들 것이다. 그리고 이렇게 반문할 것이다.

"지방 아파트에 투자하라고요?"

그런데 필자의 경험에 따르면, 이런 생각이나 질문은 부동산 투자를 잘 모르는 사람이 하는 것이다. 수도권만 집값이 오르는 게 아니다. 지방도 집이 부족한 지역은 수요와 공급 법칙에 따라서 그

자본심資本心

간 집값이 꾸준히 올랐다.

초보 부동산 투자자가 주로 실수하는 점이 하나 더 있다. 바로 자신에게 익숙한 장소나 지역의 부동산에만 관심을 둔다는 점이다. 대부분 자신의 거주하는 생활 반경이나 움직이는 행동반경에서 조금이라도 떨어진 곳에는 눈길도 안 준다. 그렇게 좁은 시야로는 절대로 부자가 될 수 없다. 부동산에 투자할 때는 시야를 넓혀야 한다.

투자의 시야를 전국으로 넓히면 재미있는 현상을 볼 수 있다. 현재 돌아가는 부동산 시장의 움직임과는 반대로 집값이 오르내리는 곳이 있다는 것이다. 다시 말해서 부동산 가격이 전반적으로 상승기라 해도 어딘가에서는 하락하는 흐름이 나타나고, 부동산 가격이 전반적으로 하락기일지라도 어딘가에서는 집값이 오른다. 물론 이것은 당연히 시야를 넓히고 꾸준히 여러 곳을 둘러봐야만 알 수 있는 정보다. 이에 대해서는 뒤에서 다시 자세하게 이야기할 예정이다.

한편으로 투자의 시야를 지방까지 넓힐 때는 무작정 넓히지 말고 나름의 기준이 있어야 한다. 첫 번째 기준은 바로 인구수다. 100만 명 이상의 인구가 사는 광역시는 당연히 포함해야 한다. 이에 더해서 필자의 개인적인 기준으로는 적어도 20만 명 이상이 거주하는 도시라야 해당 지역 부동산에 투자할 만하다.

인구수를 첫 번째 기준으로 삼는 이유는 기본적인 수요를 고려해야 하기 때문이다. 몇만 명 정도의 인구가 전부인 지역의 집을 사면 집값 상승도 기대하기 힘들 뿐만 아니라, 팔고 싶어도 수요가 없어서 낭패를 볼 수 있다. 따라서 수요를 기대할 수 있도록 인구수가 중요하다.

강원도 지역을 예로 들어보겠다. 누군가에게 강원도 소재 아파트에 투자할 계획을 말한다고 가정해보자. 좀 심하게 표현해서 정신 나갔냐는 말을 들을 수도 있다.

이런 생각을 하는 사람들은 실제 데이터로 설명해야 효과적으로 납득시킬 수 있다. 강원도를 데이터로 분석해보자. 강원도에도 많은 도시가 있다. 하지만 인구수라는 기준을 적용하면 눈여겨봐야 할 도시는 3곳으로 압축된다. 이들 3도시의 지역명, 인구수, 세대수는 대략 이렇다.

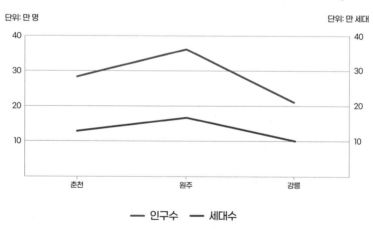

| 강원도 주요 3도시 인구수 및 세대수 비교(2022년 기준) |

출처: 부동산 지인aptgin.com

자본심資本心

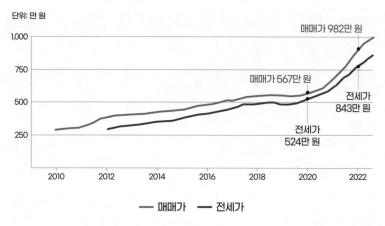

| 강원도 강릉시 소재 아파트 평당 매매가 및 전세가 추이(2010~2022년 기준) |

단위: 만 원

출처: 부동산 지인

춘천, 원주, 강릉의 3곳은 비록 강원도에 소재한 도시들이지만, 부동산 가격이 상당히 높게 상승했다. 자료에서 보이는 것처럼 강릉은 2020년에 아파트 평당 평균 매매가가 560만 원대였으나 현재는 2배 가까이 오른 평당 1,000만 원 선에서 가격이 형성되어 있다. 사실 2021년만 놓고 보면 대한민국 부동산 시장에서 가장 뜨거운 지역 중 하나가 바로 강릉이었다. 이 자료만 봐도 우리가 오로지 서울 및 수도권 소재의 집만 사야 한다는 고정관념을 바꾸어야 한다는 것을 알 수 있다.

다들 아는 것처럼 서울이나 수도권은 가격이 너무 비싸서 일반적인 투자자라면 감히 어찌해볼 방법이 없다. 그런데도 투자의 시야가 거기에만 머문다면 다른 투자 기회를 절대로 찾을 수 없다. 만약 열린 생각과 눈으로 강릉 같은 지방 도시에 2년 전에만 투자했다면 적어도 1.5배 이상의 수익을 얻었을 것이다.

일단 부동산에 제대로 투자하려면 투자의 눈부터 확실하게 떠야 한다. 눈을 떠야 제대로 된 방법이 보이고 불가능할 거라고 여겼던 일들을 가능한 일로 바꿀 수 있다. 사례로 든 강원도 강릉뿐만 아니라 전국으로 시야를 넓히면 지금도 투자할 만한 대상이 많다. 투자금도 크지 않다. 정말 소액 매물을 보면 약 1,000만 원으로 마련할 수 있는 집들도 있다. 최근 부동산 시장 상황과 관계없이 '1,000만 원으로 부동산에 투자하라'라는 내용의 책들이 대중들, 특히 그중에서도 젊은 투자자들의 관심을 한 몸에 받고 있다는 점도 요새 투자자들의 시야가 얼마나 넓어졌는지를 단적으로 보여주는 예다.

지금까지 부자가 되기 위한 마인드 갖추기, 즉 자본심 세팅의 중요성을 이야기했다. 그런 생각을 갖추는 게 왜 중요하고 부자가 되려면 어떤 방법을 선택해야 좋을지를 필자의 투자 경험에 근거해서 말했다. 이는 투자자를 위한 일종의 정신 무장 과정이다. 그러나 정신과 육체는 같이 움직여야 한다. 머릿속으로 온갖 이론(정신)을 갖추었어도 실제 사례 정보(육체)를 모르고 투자한다면 절대로 성공할 수 없다.

세상에는 주식이나 코인 등 다른 투자 자산도 많지만, 필자는 앞에서 말한 여러 이유를 근거로 여러분이 부동산에서 답을 찾기를

자본심資本心

권한다. 그리고 이를 위해서 필자의 오랜 투자 경험을 최대한 공유할 예정이다.

집이라는 것은 단순히 자산이 아니라 나 자신의 로망이 투영된 대상이다. 누구나 서울 소재, 역세권, 신축, 브랜드 아파트를 소유하고 싶고 그곳에서 살기를 바란다. 외곽에 자리한 나홀로 아파트에는 대부분 눈길도 주지 않는다. 빌라 역시 당연히 관심 밖이다.

하지만 현실적으로 방금 나열한 몇 가지 조건에 부합하는 매물은 대한민국에서 최상위에 속하는 것들이다. 즉, 아무리 가지고 싶어도 부자가 아니라면 꿈도 못 꾸는 것들이다. 물론 그렇다고 해서 쉽사리 포기하라는 이야기가 아니다. 다만 당장 좋은 집을 살 수는 없어도 자산을 불리는 몇 단계의 과정을 거치면 좋은 집에 들어갈 수 있다는 생각을 확고히 하자는 이야기다.

이렇게 희망을 품는 일도 중요하지만, 정작 부동산 투자에 발을 내딛기 전에 우리가 꼭 알아야 할 내용이 있다. 어떤 일이든 기본이 중요한 법이다. 기본을 모르면 처음부터 걸음이 꼬인다. 진짜 부자가 되기 위한 실전에 돌입하기에 앞서서 부동산 투자의 기초부터 챙기자. 부동산 투자는 메커니즘을 이해하는 것이 중요하다.

PART 2

KNOWLEDGE,
부동산 투자를 알면
성공한다

01 — 부자가 되려면 청약에 목숨 걸지 말아라

무주택자가 집을 사는 방법은 여러 가지가 있다. 먼저 일반 매매가 있다. 현금을 마련하고 일부 모자란 돈은 대출로 융통한 후, 부동산 중개인의 추천을 받아서 집을 사는 것이다. 두 번째는 청약통장을 활용하는 방법이다. 무주택자가 아파트를 마련할 때 이 제도를 사용하면 신축 아파트를 비교적 저렴하게 살 수 있다.

청약제도는 크게 두 가지로 나뉜다. 바로 청약가점제(가점제)와 청약추첨제(추첨제)다. 가점제는 부양가족 수, 무주택 기간, 청약통장 가입 기간 등에 따라 점수를 차등 부여해서 높은 점수를 받는 사람에게 집을 살 때 우선권을 주는 제도다.

참고로 예전에는 추첨제만 있었으나 추첨제 방식은 집이 꼭 필요한 실수요자를 가려내는 데 약점이 있어서 이를 보완하기 위해

| 청약가점제 당첨 기준(2022년 기준) |

기준 사항 및 선별 과정		
☐	부양가족 수에 따라 5~35점 차등 부여, 만점은 부양가족 6명 이상(35점)
☐	무주택 기간에 따라 2~32점 차등 부여, 만점은 15년 이상 무주택(32점)
☐	청약통장 가입 기간에 따라 1~17점 차등 부여, 만점은 15년 이상 가입 (17점)
⇒ 해당 점수를 종합해 높은 순으로 우선권 부여		

가점제가 도입되었다. 가점이란 말 그대로 가산점을 의미한다. 세부 내용은 위의 표와 같다.

항목마다 최고의 가산점이 적용되면 최대 84점까지 받을 수 있지만, MZ 세대는 젊기에 현실적으로 따져보면 가산점을 받을 수 있는 최대치가 어느 정도 제한되어 있다. 즉, 사람에 따라서 다르겠지만, 현재 직장을 다니는 평범한 30세 무주택 세대주라면 가산점이 대부분 낮다고 봐야 한다. 그렇기에 청약가점제를 이용하면 현실적으로 당첨 확률이 굉장히 낮다. 여러 명의 가족을 부양하며 수십 년간 무주택으로 산 사람들과의 가점 경쟁에서 절대 이길 수 없는 것이다.

그래서 여기서 알아야 할 내용이 있다. 일반적으로 아파트 공급은 국가에서 주도하는 공공분양과 민간 건설사가 분양하는 민간분양으로 나뉜다는 점이다.

공공분양 당첨은 청약통장 납입횟수와 납입총액이 기준이다. 다음의 표로 한 번 더 정리했다.

자본심資本心

| 공공분양 당첨 기준(2022년 기준) |

기준 사항 및 선별 과정	
전용면적 40m² 이하	전용면적 40m² 초과
납입횟수	납입총액
⇒ 해당 점수를 종합해 높은 순으로 우선권 부여	

한편으로 경쟁이 치열한 민간분양은 가점제와 추첨제를 함께 적용한다. 그래서 민간분양에 당첨되려면 해당 가점제와 추첨제의 기준 및 선정 비율을 어느 정도 알아야 한다. 한눈에 볼 수 있도록 다음의 표로 정리했다.

| 가점제 및 추첨제 선정 비율(2022년 기준) |

구분	주거전용면적	
	85m² 이하	85m² 초과
투기과열지구	가점제: 100% (추첨제: 0%)	가점제: 50% (추첨제: 50%)
청약과열지역	가점제: 75% (추첨제: 25%)	가점제: 30% (추첨제: 70%)
수도권 내 공공주택지구	가점제: 100% (추첨제: 0%)	가점제: 50% 이하 (추첨제: 50% 이상) ※ 시장 등이 선정 비율 조정 가능
85m² 초과 공공건설 임대주택	-	가점제: 100% (추첨제: 0%)
그 외 일반 지역	가점제: 40% 이하 (추첨제: 60% 이상) ※ 시장 등이 선정 비율 조정 가능	가점제: 0% (추첨제: 100%)

표에서 보듯 청약가점제는 집의 크기에 따라서 선정 비율이 다르다. 투기과열지구 내 85m² 이하의 평수는 100% 가점제를 적용한다. 85m²를 초과하는 평수는 가점제와 추첨제 비율이 각각 50%다. 따라서 청약통장으로 민간 건설사가 분양하는 아파트에 당첨되려면 전략적인 접근이 필요하다. 가장 먼저 청약에 지원하려는 해당 아파트가 투기과열지구인지를 확인하고, 다음으로 크기가 얼마인지도 살펴봐야 한다.

참고로 한 번 청약에 당첨되면 계약 여부와 상관없이 지원 권리가 사라진다는 점도 명심해야 한다. 오랜 시간과 맞바꾸어 얻은 나의 권리와 자격이 한 번의 당첨으로 사라지는 만큼, 본인의 기준에 웬만큼 부합하지 않는 지역이라면 허투루 지원하지 않는 것이 좋다. 유명 브랜드가 아닌 데다가 세대수도 적고 외곽에 지어진 아파트 분양 시에 종종 지원자 미달 현상이 발생하는 현상은 우리 주변에서도 쉽게 볼 수 있다.

현실적으로 젊은 초보 부동산 투자자들은 청약제도가 있어도 그림의 떡처럼 느껴질 것이다. 가점제로 도전하면 높은 가산점을 얻기 힘들고, 추첨제로 도전하기에는 평수가 커 부담이 되며, 무엇보다 치열한 경쟁을 뚫어야 하기에 당첨 자체도 쉽지 않기 때문이다. 그래서 만약 '결혼 후 7년 이내의 무주택자'라는 자격을 갖추었다면 신혼부부 특공(특별공급) 제도를 활용해서 내 집을 마련하는 것도 좋은 방법이다.

　　　　　　　　　　　　　　자본심資本心

부자가 되려면 청약에 목숨 걸지 말기를 바란다. 언제 당첨될지도 모르는 청약에 집착해서 지금 내 곁을 스쳐 지나가는 투자 기회를 놓치지 말아야 한다. 현 청약제도가 전부 추첨제로만 경쟁한다면 그래도 젊은 세대가 당첨될 가능성이 있지만, 현재로서는 차라리 매주 로또 복권을 사는 게 더 나을 수도 있다는 표현을 써야 할 정도다. 즉, 청약제도로는 제아무리 경쟁이 덜한 지역과 물건을 노린다고 해도 지금으로서는 현실적으로 한계가 있다. 이런 우연에 기대지 말고 확률이 더 높은 '투자'에 집중하라. 지금도 여전히 좋은 투자 기회가 넘쳐난다.

02
—

경매로 부동산 투자의 새로운 기회를 열자

부동산 투자에는 여러 가지 방법이 있다. 대표적인 방법은 현찰이든, 대출 레버리지를 활용하든 자본금을 만들어서 현금으로 사는 방법이다. 그 밖에도 여러 가지 방법이 있다. 여기서는 필자의 초창기 부동산 투자의 대부분을 차지한 방법이자 지난 16년간 가장 많이 활용한 방법인 경매를 간략하게 소개하고자 한다.

경매도 우리가 집을 마련할 때 눈여겨봐야 할 선택지 중 하나다. 특히 경매는 초기 투자금이 얼마 없을 때, 부동산 시장이 약보합^弱^{保合}이거나 하락기일 때 활용하면 큰 이득을 얻을 수 있는 방법이다. 필자도 부동산에 투자할 때 경매를 이용해서 많은 수익을 달성했다. 경매를 접하게 된 경위는 앞에서 말했던 대로 21살 때 아르바이트로 종잣돈을 모아 첫 집(오피스텔)을 사고 보니 수중에 남은 투자금이 많지 않았기 때문이다. 그때 소자본으로 투자할 수 있는 부동산 매매법인 경매를 알게 되었다.

경매는 제도의 특성상 이론적으로는 입찰액의 약 10%만 있으면 내 집 마련이 가능한 부동산 투자법이다. 최근에는 경매를 바라보는 대중의 인식이 예전보다 상당히 좋아진 듯하다. 과거에는 '경매로 나온 집'이라고 하면 왠지 모를 찜찜함과 거부감이 있었다. 더군다나 우리가 TV 드라마에서나 봤을 법한 장면, 즉 법원에서 나온 집행관이 경매로 넘어간 집에 들이닥쳐서 딱지를 붙이는 장면은 대중들이 경매를 부정적으로 인식하는 데 크게 일조했다.

그러나 필자가 16년간 직간접적으로 200여 차례의 경매에 참여해본 결과, 사람들이 생각하는 것 같은 최악의 상황은 현실에서는 거의 발생하지 않는다. 즉, TV에 나오는 상황은 실제로는 발생 가능성이 희박하다.

어쨌거나 이런 여러 가지 이유로 필자는 부동산 투자의 한 가지 방법으로 경매를 추천하는 편이다. 보유한 투자금이 넉넉하지 못한 무주택자라면 지금부터라도 경매에 관심을 가지고 꾸준히 시도해보기를 바란다.

요즘은 유튜브에서 경매 관련 영상을 검색해보면 전문가들이 제공하는 알차고 쏠쏠한 정보를 쉽게 접할 수 있다. 물론 당연히 책으로도 공부해야 한다. 경매 관련 전문용어도 자꾸 접해보고 내용을 배우면 어렵거나 복잡하게 느껴지지는 않을 것이다. 적어도 이렇게 기초를 다지고 경매를 바라보면 충분히 매력적인 기회가 보일 것이다.

경매 투자는 정말 소액으로도 투자가 가능하다는 장점이 있다. 필자의 수강생 중에서 종잣돈이 적은 편이었던 30대 초반의 회원이 실제로 낙찰받았던 사례를 보자. 얼마의 투자금으로 어떤 매물을 낙찰받았는지 간략하게 소개하는 것도 여러분에게 도움이 될 것 같아서 다음의 자료로 간략하게 정리했다.

부동산 경매 소액 투자 실제 사례(30대 초반 수강생 사례)

매물의 시세는 1억 5,000만 원이었고, 최종 낙찰가는 1억 3,000만 원이었다. 해당 수강생이 낙찰받은 매물은 1990년에 지은 지방 소재의 59m²형 아파트였다.

막 입주를 시작한 신축 아파트가 아니라면, 대부분의 부동산은 완벽한 상태가 아니다. 그래서 일반적으로 경매 투자에는 당연히 추가적인 부대 비용이 더 들어간다. 일단 세금만 해도 취득세와 자잘한 법무 비용이 들어간다. 낙찰받은 수강생은 해당 비용으로 약 220만 원을 더 냈고 여기에 새 인테리어 및 수리비로 893만 원을 추가로 썼다. 매입가 1억 3,000만 원에 약 1,100만 원이 더 들어갔으니 총비용은 약 1억 4,100만 원이다. 이렇게 인테리어와 수리까지 끝마친 매물을 전세가 1억 4,000만 원에 내놓았다. 전세로 임차인이 들어오면 결과적으로 실투자금은 '1억 4,100만

자본심資本心

원-1억 4,000만 원', 즉 100만 원이 드는 셈이다.

여기서 우리가 한 가지 더 알아야 할 것이 있다. 경매로 매물을 낙찰받으면 잔금을 치러야 한다는 사실이다. 이때는 대출을 받아서 잔금을 해결하면 된다. 경매 매물의 대출액은 일반적으로 낙찰가의 80%, 그리고 감정가(해당 경매 매물에 대해 법원이 감정법인을 통해 타당한 가격을 매기는 것)의 70%를 기준으로 삼는다. 은행에서는 이 둘을 비교하고 둘 중에서 적은 금액으로 대출해준다.

수강생은 낙찰가의 80%인 약 1억 원을 대출로 받았다. 낙찰가에서 대출금을 빼면 결국 약 3,000만 원이 더 필요하다는 계산이 나온다. 게다가 취득세 및 법무 비용 약 220만 원을 더하면 약 3,200만 원이 필요하다. 이후 새로운 세입자를 들이기까지 대략 3개월 정도 걸렸다(인테리어 및 수리 기간 포함).

결과적으로 3개월 동안 일시적으로는 약 3,000만~4,000만 원이 필요했지만, 모든 과정을 마치고 전세로 세를 놓으니 자기 돈은 약 100만 원만 들어갔다. 집을 1채 사는 데 약 100만 원 정도의 금액이 들어간 이런 상황을 보통 '무無피fee'라고 표현한다. 한마디로 돈이 안 들었다는 이야기다.

이처럼 부동산 소액 투자자들을 위한 부동산 투자법은 이런 구조를 갖추었다.

출처: 수강생 인터뷰

사례에서 알 수 있듯이 경매의 가장 큰 장점은 적은 돈으로 내 집 마련이 가능하다는 점이다. 사례처럼 전세로 세입자를 들여서 투자 세팅을 마쳤는데도 내 돈이 거의 들어가지 않는 투자도 종종 있다. 그래서 무주택자뿐만 아니라 집을 1채 가진 사람에게도 경매는 매력적인 투자 방법이다.

한편으로 경매는 부동산 시장의 분위기에 따라서 매물의 양이 달라지기도 한다. 전반적으로 부동산 시장이 호황일 때는 매물이 없고, 반대로 불황기에는 매물이 좀 더 나오는 편이다. 그래서 수요와 공급 법칙에 따라서 매물이 적은 시기에는 낙찰가율이 조금 높아지고, 매물이 많아 경쟁이 덜할 때는 좀 더 낮은 금액으로도 매물을 낙찰받을 수 있다. 또 정부의 정책에 따라서도 매물의 양이 바뀐다. 다주택자에게 강력한 세금을 부과하는 정책이 시행되면 세금 부담을 느낀 다주택자들의 매물이 경매 시장에 나오기도 하는 것이 그 예다. 경매로 투자할 때는 기본적으로 이 정도 내용은 알아두면 좋다.

경매 외에도 소액 투자자들이 많이 생각하는 투자 방법이 있다. 바로 갭투자다. 갭투자는 상대적으로 잘 알려진 방법이지만, 경매는 갭투자와 비교했을 때 대중의 몇 가지 선입견과 오해, 즉 허들이 존재하는 편이다. 또한 아무리 갭투자에 능숙한 사람일지라도 경매 투자를 잘 모르는 경우도 부지기수다. 전문 지식도 없고 선입견에 갇혀서 아예 경매를 투자처로 생각조차 안 하는 경우가 많다.

그러나 제대로 된 '권리분석權利分析'과 잡음 없이 점유자를 내보내는 '명도明渡'만 이해하면 경매는 전혀 어렵지 않다. 오히려 내 자산을 불리는 절호의 기회로 삼을 수 있다. 그래서 경매를 공부한 후

자본심資本心

에 부동산 시장의 흐름과 전반적인 경제 분위기를 알면 경매로 수 많은 기회를 포착할 수 있다.

경매의 몇 가지 특징을 더 자세히 말해보고자 한다. 우선 입찰자 가 자신의 현금 상황에 맞도록 입찰가를 조율할 수 있다. 또 내가 원하는 가격대만 맞는다면 특정 지역에 집착할 필요도 없다. 게다 가 시장이 하락장일 때는 가격이 내려가는 상황을 보고 유찰 추이 를 판단해서 투자하거나 최저 입찰가 전략을 사용할 수 있다는 점 도 경매의 장점이다.

가령 3억 원짜리 일반 매물은 아무리 시장의 분위기가 안 좋다 고 해도 가격이 1억 원씩 내려가지는 않는다. 그런데 경매는 몇 차 례 유찰되면 가격이 20~30%씩 떨어지기도 한다. 그렇다고 해서 특별한 문제가 있어서 값이 내려가는 게 아니다. 저마다 사정이 있 어 경매에 나왔더라도 매물에 하자가 있는 경우는 드물다. 물론 우 리가 절대 손대지 말아야 할 매물도 분명히 있다. 그래도 그런 매 물은 경매 지식만 알면 사전에 충분히 걸러낼 수 있다.

결국 경매는 어려워서 두려운 게 아니라 몰라서 두렵다고 느끼 는 것이다. 생각보다 전혀 어렵지 않고 정말 효율적인 부동산 투자 법이라는 것을 다시 한번 이야기한다.

추가로 경매와 비슷한 공매公賣도 간략하게 소개한다. 공매는 「국세징수법」에 따라 압류한 재산을 환가換價하거나, 「형사소송법」 에 따라 압수한 매물 중에서 보관이 힘든 매물을 매각하는 일이다.

| 온비드 메인 화면 |

출처: 온비드^{onbid.co.kr}

즉, 경매가 민사집행권에 따라 개인 간의 사적인 채무를 해결하는 일이라면, 공매는 국가 기관이 강제로 부동산을 매각해서 공적 채무 관계를 정리하는 일이다. 쉽게 말하자면 경매는 사적인 채무 문제가 불거져 빚을 못 갚아 발생하는 일인 반면에 공매는 단순히 세금을 못 내서 생긴 문제라고 보면 된다.

공매 매물은 한국자산관리공사^{Korea Asset Management COrporation,} KAMCO(캠코)가 운영하는 온라인 공매 사이트인 '온비드 사이트'에서 확인할 수 있다. 사이트 메인 화면 상단을 보면 '부동산' 항목이 있다. 항목을 클릭해서 '테마 물건' 항목에 들어가면 '관심 물건 BEST 20' '클릭 랭킹 TOP 20' '관심 지역 BEST 20' '50% 체감 물

자본심資本心

건' 등의 세부 항목이 있다. 공매에 관심이 있다면 시간이 될 때 이런 항목들을 찬찬히 둘러보면 좋은 공부가 된다.

재개발과 재건축의
개념과 차이

초보 부동산 투자자들이 구별하기 어려워하는 단어로 '재개발'과 '재건축'이 있다. 투자자들을 보면 재개발과 재건축을 정확하게 구분하는 사람이 생각보다 많지 않다. 그래서 둘의 개념과 차이를 명확하게 정리해보고자 한다.

　일단 단어로 먼저 유추해보자. 재개발, 재건축이란 단어를 들으면 기존의 건물이나 집을 부수고 새로운 것을 짓는 이미지가 떠오를 것이다.

　다음으로 두 단어의 표현을 보자. 재개발은 '개발'이라는 표현이 들어가 있고, 재건축은 '건축'이라는 표현이 들어가 있다. 그렇다면 둘 중에서 더 큰 개념은 무엇일까? 당연히 개발이다. 어떤 동네를

개발할 때 개발하는 과정 중 하나로 집을 건축하기 때문이다. 결국 재개발은 기존의 지역을 모두 갈아엎는 것이다.

일반적으로 재개발 대상지역을 보면 연립이나 빌라가 많고, 재건축 대상을 보면 구축 아파트가 주류다. 건축이니 구축 아파트를 헐고 새 아파트를 짓는 것이다.

그렇다면 부동산 투자 차원에서 보면 어떤 것이 좋을까? 필자의 개인적인 견해로는 투자 금액만 놓고 본다면 젊은 MZ 세대에게는 재개발 관련 투자가 좀 더 낫다. 방금 설명한 대로 재건축은 아파트가 대상이기에 투자 금액이 큰 편이기 때문이다. 서울을 포함한 수도권 지역 재건축은 더 말할 필요도 없다. 반면에 재개발 투자는 오래된 빌라를 사는 것이다. 그래서 재개발 관련 투자가 재건축 투자보다 투자금이 덜 들어간다.

여기서 주의해야 할 점이 하나 있다. 만약 재개발 투자를 염두에 둔 투자자라면 지방은 제외하는 것을 추천한다. 지방의 재개발은 2년, 4년 단위로 물량에 따라 시세의 등락 폭이 매우 크다. 따라서 재개발 투자 시 대상지는 서울이나 수도권이 적당하다. 해당 지역의 향후 발전 가능성을 파악하는 일도 투자자의 기본이다.

그리고 하나 더, 마음가짐도 필요하다. 재개발 사업 진행 예정 지역에 투자했다면 조급해하면 안 된다. 재개발 사업은 완료될 때까지 대략 10년 정도의 기간을 예상해야 한다. 물론 10년보다 조금 앞당겨질 수도 있지만, 일반적으로 재개발 투자는 시간에 투자금을 묻고 진행한다는 생각으로 접근하기를 권한다.

03
—
권리분석과 명도, 어렵지 않다

일반인이 경매를 꺼리고 어렵다고 생각하는 이유는 크게 두 가지다. 그러니까 이 두 가지를 제대로 배워서 문제를 극복하면 경매를 바라보는 시각과 생각이 바뀔 것이다. 앞에서 경매의 가장 큰 매력은 소액으로 투자할 수 있다는 점이라고 밝혔다. 최소한의 돈을 들여서 큰 수익을 기대할 수 있으니 정말 경제적인 투자 방법이라 할 수 있다.

평범한 사람도 경매 공부를 한 달 정도 하면 남의 도움 없이 스스로 경매에 참여할 수 있다. 이렇듯 알고 보면 경매는 접근하기 힘든 제도가 절대 아니다. 이번 챕터에서는 일반인들이 어렵다고 생각하는 경매의 두 가지 허들, 즉 '권리분석'과 '명도'에 대해 살펴보겠다.

1) 권리분석

경매에 나온 매물들은 일반 매물과 달리 특별한 사정이 있다. 그러므로 경매에 참여하기 위해서는 해당 매물의 특별한 사정이 무엇인지부터 파악해야 한다. 대부분은 근저당이나 가압류가 설정된 매물이다. 소유자가 집을 담보로 돈을 빌렸는데 갚지 못하면 채권자가 담보로 잡은 집을 처분해 돈을 돌려받는 절차가 경매이기 때문이다.

권리분석은 경매의 핵심이자 꽃이라고도 불리는데, 경매에 참여해 매물을 낙찰받은 사람이 인수해야 할 부동산상의 권리나 보증금을 분석하는 일이다. 간략하게 개념 정리를 하면, 매물을 낙찰받은 사람이 어떤 권리를 인수해야 하고, 어떤 권리가 소멸되는지 살펴보는 행위가 권리분석이다.

분석이라는 단어의 어감상 복잡하고 어려운 일처럼 느껴지지만, 모든 경매 매물이 복잡한 것은 아니다. 권리관계가 이리저리 얽혀 있어서 복잡한 것처럼 보여도 대부분은 기본적인 권리분석 방법만 알면 쉽게 해결할 수 있는 범위 안에 있다. 권리가 얽히고 설켜 분석 난이도가 높은 매물은 속 편하게 거들떠보지 않으면 그만이다. 이런 매물까지 굳이 힘겹게 분석할 이유는 없다.

권리분석을 하려면 해당 매물의 등기부등본을 꼼꼼하게 살펴야한다. 그 매물의 이력, 소위 히스토리가 등기부등본에 다 기록되어 있기 때문이다. 어떤 지역의 몇 평짜리 매물이고 소유자가 누구인

| 등기부등본 예시 |

등기부 등본 (현재 유효사항) – 집합건물

[집합건물] 서울특별시 xx구 xx동 300-130 xxx동 xxx호   고유번호 xxxx-xxxx-xxxx

[표 제 부]   (1동의 건물의 표시)

표시번호	접 수	소재지번, 건물명칭 및 번호	건 물 내 역	등 기 원 인 및 기 타 사 항
1 (전1)	19xx년 xx월 xx일	서울특별시 xx구 xx동 xxx-xxx	철근콘크리트조 슬래브지붕 5층 Xxx아파트주택 1층 xxxx m² 2층 xxxx m² 3층 xxxx m² 4층 xxxx m² 5층 xxxx m²	

(대지권의 목적인 토지의 표시)

표시번호	소 재 지 번	지 목	면 적	등 기 원 인 및 기 타 사 항
1 (전1)	서울특별시 xx구 xx동 xxx-xxx 서울특별시 xx구 xx동 xxx-xxx 서울특별시 xx구 xx동 xxx-xxx 서울특별시 xx구 xx동 xxx-xxx	대 대 도로 대	xxxx m² xxxx m² xxxx m² xxxx m² xxxx m²	19xx년 x월 xx일

[갑 구]   (소유권에 관한 사항)

순위번호	등기목적	접 수	등 기 원 인	관 리 자 및 기 타 사 항
10	소유권이전	20xx년 x월 x일 제 xxxx호	20xx년 x월 x일 매매	소유자 홍길동 xxxxxx-xxxxxxx 서울특별시 xx구 xx동 xxx-xxx

[을 구]   (소유권에 관한 사항)

순위번호	등기목적	접 수	등 기 원 인	관 리 자 및 기 타 사 항
13	근저당권설정	20xx년 x월 x일 제 xxxx호	20xx년 x월 x일 계약	채권최고액 금 xxx,xxx,xxx원 채무자 홍길동 서울특별시 xx구 xx동 xxx-xxx 근저당권자 주식회사 XX은행 서울 xx구 xx동 xxx-xxx

출처: 국가법령정보센터^{law.go.kr}

지, 과거부터 현재까지의 소유권 관계, 소유권 이외의 권리 등의 모든 정보가 등기부등본에 적혀 있다.

해당 등기부등본 예시에서 중요하게 봐야 할 부분은 위의 그림에도 표시한 것처럼 다음의 세 부분이다.

① 표제부 : 해당 매물의 기본 정보가 담겨 있다(주소, 이름, 면적 등).

② 갑구 : 해당 매물의 소유권에 대한 모든 내용이 담겨 있다(가압류, 가처분, 압류 등).

③ 을구 : 해당 매물의 소유권 이외의 권리에 관한 내용이 담겨 있다(전세권, 저당권, 지역권, 지상권 등).

등기부등본을 직접 살펴보며 권리분석을 한번 해보자. 갑구와 을구에 적힌 접수 일자에 따라서 권리의 우선순위가 결정된다. 참고로 접수 일자가 똑같은 경우라면 순위 번호순에 따라서 우선순위가 결정된다.

권리분석은 등기부등본에 적힌 권리 사항을 살펴서 매물을 낙찰받은 후 인수해야 할 권리와 소멸할 권리를 분석하는 일이라고 설명했다. 그렇다면 당연히 낙찰받아도 되는 매물과 낙찰받으면 안 되는 매물이 있기 마련이다. 다만 이런 필터링은 결국 공부를 통해 지식을 쌓아서 해결하는 수밖에 없다. 낙찰받아도 안전한지, 위험한지를 알려면 이를 분석하는 능력이 필수다.

시중에는 권리분석을 대신 처리해주는 곳들도 많다. 그러나 필자는 그 방법을 추천하지 않는다. 투자 가치 여부는 오직 투자자가 판단할 몫이다.

2) 명도

투자자들이 경매에서 권리분석과 함께 어렵다고 생각하는 부분이 낙찰받은 부동산에 사는 소유자나 임차인, 기타 점유자를 내보내는 행위인 명도다. 경매를 직접 해보지 않은 사람이라면 막연히 명도가 까다롭고 힘들다고 생각한다. 특히 초보 부동산 투자자라면 내가 낙찰받은 집에 사는 사람을 내보내는 일은 당연히 부담이자 스트레스다.

낙찰받은 집에 거주하는 사람을 '점유자'라고 부른다. 그런데 사

자본심資本心

실 점유자도 우리와 같은 일반인이다. 안 나가겠다고 떼를 쓰거나 어깃장을 부리는 경우는 정말 드물다. 점유자가 무조건 고래 심줄 같은 고집으로 막무가내로 버티는 괴물이 아니라는 점을 명심하자.

결국 이들도 필자나 여러분과 차이가 없는 평범한 일반인일 뿐이다. 어쩌다 보니 운이 없어서 경매당한 집에 사는 세입자, 더 운이 없어서 경매당한 집을 가진 전 소유자 모두 일반인이다. 그렇기에 이들 대부분은 경매 절차가 진행되면 예정된 순서에 따라서 집을 비워준다. 간혹 점유자가 버티며 힘들게 하는 경우도 있지만, 그런 일이 일반적인 상황은 아니라는 것은 확실하다.

경매 초보자가 낙찰받은 집에 처음 방문할 때는 일을 어떻게 처리할지 모르므로 떨리는 것이 당연하다. 그러나 더 떨리는 쪽은 경매당한 집에 거주 중인 점유자다. 표현이 조금 거북하지만, 흔한 말로 '갑(낙찰자)'과 '을(점유자)'의 신세라고 보면 맞다. 점유자는 낙찰받은 새 주인이 어떤 사람인지, 어떤 요구를 할지 모르니까 심장이 더 떨릴 것이다.

예컨대 젊은 여성이 경매로 매물을 낙찰받으면 필자는 몇 가지 조언을 한다. 우선 점유자를 만나더라도 절대 떨지 말라고 말한다. 더 떨리는 사람은 당연히 점유자다. 점유자 앞에서 젊은 여성 주인이 말도 못 하고 떨면 득이 될 게 하나도 없다. 이사 비용을 모두 처리해달라든가, 심하면 "난 모르겠고, 법대로 합시다!"라는 이야기를 들을 수도 있다.

실제로 어떤 점유자들은 납득하기 힘든 요구를 퇴거 조건으로 걸기도 한다. 이런 경우는 대개 첫 만남에서의 기 싸움이라고 봐도 무방하다.

만약 점유자를 직접 만나서 얼굴을 마주하는 일이 부담스럽다면 굳이 만나지 않고도 일을 처리할 수 있다. 서면을 바탕으로 법원을 통해서 절차대로 이후의 일을 진행하는 것이다. 이렇게 해도 되지만, 낙찰자가 법적 절차를 피하고 직접 점유자를 만나는 이유는 결국 추가 비용과 시간을 단축하기 위함이다. 점유자 퇴거에 걸리는 시간이 길어질수록 비용이 더 들어가니까 직접 만나서 해결하는 것이다.

그러나 이런 장점을 차치하고서라도 만약 점유자와의 분쟁, 갈등에 따른 명도 스트레스를 피하고 싶다면 법원의 절차대로 진행하면 마음이 훨씬 편하다. 결국 돈을 좀 더 쓰느냐, 아끼느냐의 문제다.

그럼 좀 더 상세하게 명도 이야기를 해보자. 낙찰자는 점유자를 내보낼 때 강제집행을 진행할 수도 있지만, 점유자와 연락이 닿지 않아 명도 자체를 진행하지 못해서 불안한 마음이 들 수도 있다. 그런데 명도는 쉽게 생각해보면 결국 딱한 처지나 어려운 상황에 놓인 점유자와의 관계를 잘 풀어가는 일이다. 너무 지레 겁을 먹거나 조급한 마음을 가지면 일이 잘 풀리기는커녕 오히려 스트레스만 늘어난다.

자본심資本心

일반 매매는 서로 날짜를 정하고, 잔금을 낸 후 이사하면 그것으로 끝이다. 그러나 경매는 중개인이 없기에 낙찰자 스스로 해결해야 한다. 즉, 낙찰받은 사람이 직접 찾아가서 전 소유자나 세입자 등의 점유자를 만나서 조율하고 원만히 해결하는 것이 가장 좋은 시나리오다.

사실 대부분은 일이 순조롭게 진행되어 점유자가 깔끔하게 퇴거한다. 그러나 점유자가 버티는 예외도 있다. 이런 경우 때문에 사람들이 명도를 두려워하고 어려워한다. 그러나 발상을 전환해보자. 이런 어려움이 존재하는 만큼 경매로 싸게 살 수 있다고 생각하는 것이 좋다.

점유자는 크게 전 소유자와 세입자(임차인)를 말한다. 낙찰받은 매물에 사는 세입자를 내보내는 일은 그리 어렵지 않다. 세입자는 전입 시 확정일자 신고 등 법적 보호장치를 해두기 때문에 경매가 진행되면 보호장치가 발휘되어 자신의 보증금을 거의 되돌려받고 나갈 수 있다.

문제는 전 소유자다. 물론 강제집행이라는 법적 절차대로 일을 진행하면 전 소유자를 퇴거시킬 수 있다. 그런데 법은 대부분 처리가 아주 느리고 생각 외의 추가 비용도 다소 든다. 강제집행으로 점유자를 퇴거시키기까지는 평균적으로 3개월 정도의 시간이 걸린다. 그래서 대부분의 낙찰자가 점유자를 찾아가 직접 해결하려는 것이다.

그렇다면 낙찰자가 명도 시 사용할 수 있는 몇 가지 방법을 살펴보자. 먼저 내용증명을 우편으로 보내는 방법이 있다. 그리고 경매에만 있는 제도인 '인도명령'을 신청할 수도 있다. 인도명령이란 낙찰받은 소유자에게 매물을 인도하라는 명령서다. 절차상 인도명령 신청을 해두어야 나중에 강제집행 신청이 가능하다. 이 점을 기억하자.

인도명령까지 진행했음에도 전 소유자가 매물을 인도하지 않으면 법원에서 집행관이 나와 강제로 퇴거 집행을 한다. 전 소유자에게 진행하는 강제집행의 과정은 다음과 같다. 이해를 돕도록 간략하게 그림으로 정리했다.

| 부동산(건물)인도 강제집행 과정 |

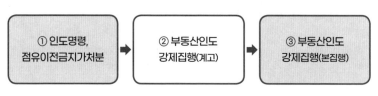

출처: 법제처 생활법령정보 easylaw.go.kr

법원에서는 이 과정에 따라서 전 소유자를 퇴거시킨다. 대부분의 전 소유자는 법원의 인도명령을 받으면 자진 퇴거한다. 인도명령을 받고도 퇴거하지 않는다면 강제집행을 할 거라는 계고장(행정상 의무를 이행해달라고 재촉하는 일)을 보낸다. 그래도 안 되면 강제집

　　　　　　　　　　　　　　　　　　　　　　자본심資本心

행 단계까지 간다.

이때는 예기치 못한 험한 일들이 벌어지기도 한다. 우리가 종종 TV에서나 보던 그런 장면이다. 그러나 앞에서도 말한 것처럼 이런 일은 현실에서는 흔한 상황이 절대로 아니다. 전 소유자 대부분은 법원의 인도명령이나 강제집행 계고장을 받으면 큰 사건이나 사고 없이 퇴거한다.

필자의 경험을 공유하자면, 끝까지 버티며 애를 먹인 점유자는 드물었다. 16년간 200여 건의 경매를 경험하며 강제집행 상황까지 간 경우는 딱 2건이었다.

마지막으로 경매 매물에 대한 정보는 '대한민국 법원 법원경매정보 사이트'에서 알 수 있다. 그 밖에도 몇몇 사설 경매 업체가 있으니 참고하면 좋다.

사설 업체에서는 법원경매정보에서 소개하는 데이터와 정보를 한 번 더 가공해서 소비자가 쉽게 살펴볼 수 있도록 여러 가지 서비스를 제공한다. 또한 실시간으로 업데이트되는 경매정보도 알 수 있다.

최근 몇 년간 부동산 시장은 저금리를 바탕으로 한 상승세 흐름이었다. 앞에서도 말했듯이 부동산 시장이 좋을 때는 경매 매물 자체가 줄어든다. 그러다 시장이 하락세에 들어서서 위기감이 찾아오면 매물이 늘어난다.

출처: 대한민국 법원 법원경매정보 courtauction.go.kr

　특히 2022년 하반기의 흐름처럼 시장이 식으면 사람들의 관심이 시세보다 저렴하게 부동산 구매가 가능한 경매로 쏠린다. 경매로 투자할 때는 이런 시기적인 상황을 잘 살펴야 한다.

　필자는 경매에 눈을 뜨면 지금 당장이라도 집을 살 수 있다는 것을 말하고 싶다. 경매는 절차적으로 어려운 일이 없다. 그보다 중요한 것은 좋은 매물을 찾고, 향후 매물의 주변 입지가 어떤 방향으로 개발될지, 어떤 호재가 있는지를 살펴보는 일이다. 그리고 좋은 매물일수록 당연히 입찰가가 높다. 따라서 경매로 투자하려는 투자자라면 투자금을 너무 빡빡하게 준비하는 것보다 좀 더 넉넉하

　　　　　　　　　　　　　　　　　　　　　자본심資本心

게 준비하는 것이 좋다.

한 번 더 강조한다. 경매는 절차적인 어려움이 없다. 경매에 대한 오해와 편견을 버리시기를 바란다.

04

한 번에 정리하는
부동산 세금 이야기

부동산에서는 세금 이야기도 빼놓을 수 없다. 이번에는 세금에 대해 알아보고자 한다. 초보 부동산 투자자는 세금이란 말만 들어도 머리가 아프다. 그런데 부동산 투자자라면 세금을 이해하는 것이 가장 기본이다.

　부동산에 투자할 때는 누구도 세금을 피할 수 없다. 금액이 많든 적든, 부동산을 취득하고 거주하다가 나중에 집을 팔 때는 응당 세금이 뒤따른다. 솔직하게 고백하자면 필자도 부동산학을 전공했고 16년 동안 투자를 해왔지만, 복잡한 세금 이야기는 아직도 머리가 아프다. 무엇보다 해마다 몇 번씩 바뀌는 정부의 부동산 정책에 따라 세금 관련 법규도 왕왕 바뀌는 게 현실이라서 더 그렇다. 이를 생각하면 현재 어떤 세금이 어떤 요율에 따라서 적용되는지 파악

　　　　　　　　　　　　　　　　자본심資本心

하기조차 쉽지 않다.

또한 개인의 각 상황과 형편에 따라 적용되는 세금 정책이 다르다. 한마디로 소위 '케바케(케이스 바이 케이스)'다. 가령 내가 소유한 부동산이 현재 몇 채인데 그중 1채를 언제 사서 몇 년 동안 보유했다가 언제 팔았는지 등의 사례가 서로 복잡하게 뒤엉켜 있다. 이러면 당연히 세금 계산 과정도 복잡해진다. 이렇듯 세금이라는 것은 개인차가 있기 마련이라 누군가에게 적용된 세금이 누군가에게는 적용되지 않는 일도 종종 벌어진다. 그래서 모든 사람이 부동산 세금을 명확하게 전부 다 알 수는 없다. 이런 전제를 미리 이야기하고 이번 챕터를 시작하겠다.

부동산에 투자할 때 반드시 알아야 할 것은 세금의 내용과 구조다. 그리고 필요한 시기가 되면 그때 내 상황에 맞는 것을 찾아서 적용하면 된다. 부동산 투자자라면 개인적으로 세금 공부를 해야 하는 것은 기본이고, 정말로 내가 세금을 내야 하는 상황이 벌어지면 세금 전문가인 세무사 2인의 조언을 받아서 크로스체크를 하자. 내가 집을 파는 시점에 양도세가 얼마나 되는지 등을 그때그때 상황에 맞추어서 알아보는 것이다.

부동산 세금은 이렇게 접근하는 게 좋다. 세금이라는 전체 분야를 알 수 없으니 나에게 적용될 세금만 때에 맞추어 공부해서 알고 감을 잡자는 이야기다. 그리고 정말 세금을 내야 하는 시점이 오면 전문가의 도움을 받아서 처리하는 게 현실적으로 가장 좋은 방법이다. 세금에 대한 개론은 이 정도로 하고, 본격적으로 부동산에 적용되는 세금들을 하나씩 살펴보겠다.

부동산 세금 중에서 첫 번째는 부동산을 살 때 내는 세금이다. 두 번째는 보유한 기간에 내는 세금이다. 마지막으로 세 번째는 팔 때 내는 세금이다. 각각 '취득세' '보유세' '양도세'라고 한다.

셋 중에서 초보 부동산 투자자라면 팔 때 내야 하는 양도세는 당장 고민할 필요가 없다. 양도세는 극단적으로 말해서 '안 팔면 안 내도 되는 세금'이다. 아직 투자를 시작하지도 않은 상황에서 양도세가 걱정되어서 부동산 투자를 안 한다는 것은 쓸데없는 기우다. 이에 양도세는 간단하게만 다룰 예정이다. 초보 부동산 투자자들이 반드시 알아야 할 세금은 취득세와 보유세다. 그럼 취득세부터 이야기하겠다.

1) 취득세

취득세는 얼마나 될까? 기본적으로 2022년 상반기 기준으로 6억 원 이하 1주택 보유자의 취득세는 1%다. 만약 1억 원짜리 아파트를 1채 사면 취득세는 100만 원이다. 그렇다면 3억 원짜리 매물을 사면 약 300만 원을 취득세로 내야 한다. 물론 정확한 금액은 취득가액에 따라 지방세를 더하는 과정이 있어서 조금 다를 수 있다. 하지만 조금 늘어봐야 자잘한 액수니 크게 신경 쓰지 않아도 된다.

초보 부동산 투자자라면 대략적으로 1%가 취득세라는 사실만 먼저 기억하자. 그리고 비규제지역에서는 2주택 보유까지는 취득세가 1%다. 그러나 규제지역 내의 매물을 산다면 세율이 8%로 달라진다.

　과거에는 이런 규제가 없었다. 그래서 10채, 20채를 사더라도 취득세 부담이 각각 1%였다. 하지만 현재의 취득세는 2채까지만 1%다. 따라서 초보 부동산 투자자가 부동산 투자로 사용할 수 있는 카드는 2장이라고 생각하면 된다. 물론 현재의 취득세법이 이렇다는 말이지, 영원한 것은 아니다. 시기가 언제일지는 몰라도 이런 규정은 앞으로 당연히 다시 바뀔 수 있다.

　참고로 공시가격 기준 1억 원 이하의 아파트—실제 시세로는 1억 5,000만 원 내외—는 저가 아파트 기준에 포함되어 10채를 사든, 50채를 사든 취득세가 모두 1%다. 따라서 2채를 마련하고도 여윳돈이 있다면 공시지가 1억 원 이하의 아파트를 더 마련하는 것도 괜찮은 방법이다.

　공시지가 1억 원 이하의 부동산은 소위 '도토리 부동산'이라고 부른다. 이들 부동산은 세금 규제가 없다. 따라서 여러 채를 사더라도 취득세는 1%만 적용된다. 투자자라면 본능적으로 이런 점을 파고들어서 투자해야 한다. 실제로 필자의 지인뿐만 아니라 많은 사람이 이런 틈새를 파고들어 투자에 나서서 몇천만 원이라도 자산을 불리는 데 도움을 받았다. 물론 현재는 지역별로 옥석을 잘 가려내야 한다.

이제 집을 보유하는 기간에 내는 보유세와 집을 팔 때 내는 세금인 양도세를 하나씩 알아보자. 먼저 보유세부터 이야기하겠다.

2) 보유세

2022년 대선 당시 대통령 후보들은 한목소리로 "앞으로는 종합부동산세금(종부세)을 이렇게 바꾸겠다!"라는 공약을 주장하며 저마다 지지층에 호소했다. 이렇게 방송에서 종종 소개된 덕분에 많은 사람이 보유세를 비롯한 종부세에 대해 다시금 인식하게 되었다.

보유세는 부동산을 보유하는 동안 내는 세금이다. 보유세는 다시 두 가지로 나눌 수 있다. 하나는 재산세, 다른 하나가 종부세다.

재산세는 일반적으로 소유한 재산에 부과하는 세금이다. 그런데 재산이 많은 사람이라면 종부세라는 세금이 하나 더 붙는다. 그래서 종부세는 옛날부터 "이중과세다!" "이중과세가 아니다!"라는 이슈로 말이 많았다. 이미 재산세를 냈는데, 또 내라니까 이런 말이 나오는 것이다.

보유세는 해마다 7월과 9월에 나누어서 낸다. 한 번에 내면 보유자 입장에서 부담스러우니, 정부에서 이렇게 나누어서 징수한다. 관건은 금액이다. 예를 들어서 설명하고자 한다. 만약 내가 강남의 30억 원짜리 30평대(84㎡) 아파트를 1채 가지고 있다면 2022년 상반기 기준으로 보유세는 3,000만 원 정도를 내야 한다. 1년에 3,000만 원의 세금이라니, 실로 만만찮은 금액이다. 만약 여러분이 중소기업에 입사해서 초봉으로 3,000만 원을 받는다면 강

자본심資本心

남 아파트를 가져도 내 월급을 몽땅 세금으로 내야 한다.

이처럼 많은 사람이 강남 아파트를 꿈꾸지만, 세금을 감당하는 일도 쉬운 것이 아니다. 강남이 아닌 서울 중위 가격의 아파트라면 보유세를 얼마나 낼까? 15억 원 안팎의 아파트라면 약 300만 원을 세금으로 낸다. 이 정도는 일반 직장인이라 해도 크게 부담되는 금액은 아니다. 결국 '부린이' 입장에서 보유세는 당장 크게 걱정할 일이 아니다.

사실 재산세를 어떻게 계산하고, 종부세 요율이 어떻고 하는 내용은 초보 부동산 투자자가 고민할 내용이 아니다. 따라서 이 책에서는 서울 아파트 평균 가격보다 낮은 매물을 구매한다는 가정하에 세금 관련 내용을 다루고자 한다. 세금 공부가 흥미롭고 재미있다면 재산세의 요율 산정 방식이나 구체적인 종부세 산정 방식을 스스로 더 공부하면 될 일이다.

다만 필자는 부동산 투자 관점에서 부동산 세금을 하나씩 자세히 공부하는 것은 그리 추천하지 않는다. 복잡하고 머리 아픈 부동산 세금을 공부할 바에는 투자 대상을 모니터링하고 임장臨場 활동을 하는 편이 더 효율적이다. 그냥 직관적으로 30억 원짜리 강남 아파트 1채를 보유했다면 1년에 3,000만 원이 세금이라고 생각하자. 그리고 15억 원 내외의 서울 아파트 1채를 보유했다면 약 300만 원이 세금이라는 것을 기억하자. 여기에 덧붙여서 10억 원 이하의 아파트를 보유하면 세금으로 몇십만 원 정도를 낸다고 생각하자. 이처럼 보유세는 내가 보유한 아파트 가격에 따른 대략적인 세금 액수를 알면 전혀 겁먹을 필요가 없다.

결국 상위 몇 퍼센트 가격의 집이 아니라면 보유세로 내는 세금이 많지 않다. 이 사실을 모르는 사람들이 많다. 보유세는 이 정도만 알고 있으면 된다. 참고로 임장 활동 이야기를 좀 더 하자면, 필자는 지금도 하루에 몇 시간씩 평소에 눈여겨본 지역을 인터넷으로 검색하고, 주말이면 부동산 투자에 관심이 큰 젊은 수강생들과 전국을 대상으로 임장 활동을 한다. 임장 활동은 그간 인터넷 정보로만 접해서 막연했던 부동산의 실제 가격 추이 정보를 직접 세세하게 알 수 있을 뿐만 아니라 주변 지역의 부동산 동향까지 직접 확인하는 기회가 된다.

3) 양도세

마지막으로 양도세다. 양도세는 앞에서 언급했듯이 내가 지금 집을 당장 팔 게 아니라면 신경 쓰지 않아도 된다. 물론 양도세도 아파트 가격에 따라서 달라진다. 하지만 그 차이는 어차피 비싼 아파트를 팔 때를 기준으로 하는 것이라 지금으로서는 부담 갖지 않아도 된다.

다만 비록 당장 내는 세금이 아니라도 양도세의 기본 개념은 알아야 한다. 여기서 말하는 기본 개념이란 바로 '1세대世帶 1주택'이다. 1세대는 '1가구'라고도 표현한다. 이 말을 듣고 혹시 느낌이 오시는가? '세대' 혹은 '가구'라는 것은 뭘까? 나 혼자가 아닌 1세대,

1가구는 결국 내가 전입된 상태의 우리 가족을 통틀어서 말하는 것이다. 이 개념이 양도세를 이해하는 기본이다.

예컨대 A씨가 부모와 함께 사는데, 부모 소유의 집이 1채 있는 상황이라고 가정해보자. 이때 A씨가 집을 1채 산다면 A씨는 자신의 이름으로 집을 1채 산 셈이지만, 주민등록상 가족 모두가 1세대로 묶이기에 실제로는 2주택을 보유한 것이 된다.

그래서 부동산 투자를 시작할 때 가장 먼저 해야 하는 일이 1세대로 묶인 부모와 떨어져 나오는 세대 분리다. 1세대 안의 거주자가 집을 몇 채 가졌는지가 핵심이다. 개인별로 소유한 집의 수가 아니다. 1세대 내에 거주하는 사람이 보유한 집의 수가 중요하다.

세금은 치명적인 실수를 하지 말아야 한다. 이런 준비 없이 부동산을 1채 사면 실질적으로 1가구 2주택이 된다. 이미 부모가 1채를 소유 중인데, 내가 1채를 더 사면 2주택이 된다. 따라서 부동산에 투자할 때는 세대 분리, 전입을 따로 옮기는 부분까지 생각해야 한다.

그리고 여기서 나오는 숫자가 하나 더 있다. 바로 '2년'이라는 숫자다. 1세대 1주택의 경우 해당 주택을 2년간 보유하면 정부가 혜택을 준다. 바로 비과세, 즉 세금을 부과하지 않겠다는 것이다. 비과세는 엄청난 혜택이다. 내가 부동산 투자로 번 돈에서 양도세를 안 내도 된다니 이런 혜택이 어디 있겠는가. 초보 부동산 투자자가 처음 살 집은 대부분 당연히 비싼 아파트가 아니다. 따라서 해당 매물을 2년간 보유하면 비과세 혜택을 받는다는 정보도 알아두자.

　이제 부동산 세금을 한눈에 정리해보자. 지난 문재인 정권 5년 동안은 부동산을 규제하는 정책이 계속 나왔다. 원래는 투자자가 2채를 사든, 3채를 사든, 더 많이 사든 항상 취득세는 1%였으나 이 규제 이후로 변화가 생겼다. 1채 소유는 변함없이 취득세가 1%다. 그런데 규제지역에서 2채를 사면 취득세로 8%를 내야 한다. 단순 계산으로 1억 원짜리 부동산 1채를 사면 100만 원, 여기에 1억 원짜리 부동산을 1채 더 사면 800만 원을 취득세로 내야 한다. 그리고 1채 더 늘려서 3채를 보유하면 취득세로 12%인 1,200만 원을 내야 한다. 결국 정부의 의도는 이것이다.

"1채까지는 봐주지만, 2~3채는 봐줄 수 없어! 다주택으로 가지 마!"

　물론 이런 압박에도 기꺼이 많은 세금을 내면서 투자하는 투자자들도 꽤 있었다. 이는 세금으로 빠져나가는 돈보다 내가 산 부동산의 가치가 더 많이 오를 거라는 믿음이 있기에 가능한 일이다. 이런 사람들은 '세금 정도는 충분히 알아서 감당하겠다!'라는 확신을 가졌다고 봐야 한다. 그러나 대부분의 투자자는 정부의 강력한 세금 부과 정책으로 인해 다주택으로 투자하려는 심리가 위축되었다. 그래도 집을 사기도 전에 먼저 세금 걱정부터 하는 것은 앞뒤가 맞지 않는다. 그러니 머릿속에 이렇게만 기억해두자.

자본심資本心

'10억 원 이하의 아파트라면 몇십만 원을 보유세로 낸다.' 대략 이 정도 수준의 세금이니 처음부터 너무 겁먹지 말자. 상위 몇 퍼센트 가격의 집이 아니라면 보유세로 부과되는 세금이 많지 않다.

세금과 관련해서는 이 정도만 상식으로 알면 된다. 계속 말하지만, 우리가 세금의 모든 내용을 완벽하게 알기는 어렵다. 이 내용 정도만 기억하는 것이 현실적이다.

우리가 부동산 투자 대상을 바라보는 시야를 전국으로 넓혀야 하는 이유는 세금과 밀접한 연관이 있기 때문이기도 하다. 또한 투자 시야가 넓으면 부동산을 사고팔 때 전략적으로 행동할 수도 있다. 해당 매물의 소재지가 규제지역인지, 비규제지역인지에 따라 내야 하는 세금이 달라진다는 것을 기억하자.

초보 부동산 투자자들을 위한 세금 이야기를 마지막으로 다시 정리한다. 부동산 세금은 세 가지 구조다. 취득, 보유, 매도(양도)

| 부동산 투자 관련 세금 |

상황별 정리
☐ 집 구매 시에는 취득세
☐ 집 보유 시에는 보유세(재산세&종부세)
☐ 집 판매 시에는 양도세
⇒ 취득세는 1%라고 생각하자. 가격이 수십억 원이 넘는 집이 아니라면 보유세는 신경 쓰지 않아도 된다. 양도세는 먼 훗날 집을 팔 때의 이야기다.

시에 내는 세금들이다. 취득 시 '1채는 1%의 취득세' '2채 이상 취득부터는 중과'인데 '비규제지역은 여전히 1%'다. 그래서 2채까지는 투자할 수 있다. 보유세는 서울의 아파트, 특히 값비싼 강남 아파트를 소유한 게 아니라면 부담될 정도의 금액은 아니니 걱정하지 않아도 된다. 세금이 많이 나올까 봐 걱정하는 사람은 이미 그게 아니더라도 엄청난 자산을 이룬 사람이다. 양도세는 팔 때 고민하는 세금이다. 양도세 개념은 '1세대 1주택'이라는 개념과 '2년 보유 시 비과세'를 기억하자. 규제지역과 비규제지역에 관한 내용은 다음 챕터에서 다룰 예정이다.

자본심資本心

쉽게 해볼 수 있는
부동산 세금 계산

부동산 세금을 미리 대략적으로 쉽게 계산해볼 수 있는 방법을 소개한다. PC나 스마트폰 인터넷 검색창에 '부동산 세금 계산'이라는 검색어를 넣으면 관련 사이트들을 찾을 수 있다. 이런 식으로 대략적으로나마 세금 계산을 해볼 수 있는 사이트와 애플리케이션(앱)을 적극적으로 활용하면 된다.

대표적으로 국민은행에서 제공하는 'KB부동산 앱'이 있다. 이 앱은 세금 계산을 쉽게 하도록 도와준다. 현재 사는 집이나 구매하려는 집의 주소만 입력하면 취득세, 보유세(재산세, 종부세), 양도세 계산을 자동으로 해주어 한눈에 알 수 있다. 또한 이 앱은 공시지가 정보도 제공한다. 만약 1주택자가 공시지가 1억 원 이하의 집을 1채 더 사려고 계획 중이라면 꼭 참고해야 할 사항이 바로 공시지

| KB부동산 앱 화면 |

출처: KB부동산 앱

가다. 추가로 좀 더 정확한 공시지가 정보는 국토교통부에서 운영하는 '부동산공시가격 알리미'에서 확인할 수 있다.

한편으로 부동산 세금 계산을 도와주는 사이트로는 KB부동산 앱 외에도 '부동산 계산기 사이트(앱으로도 있음)' 등이 있다.

| 부동산 계산기 메인 화면 |

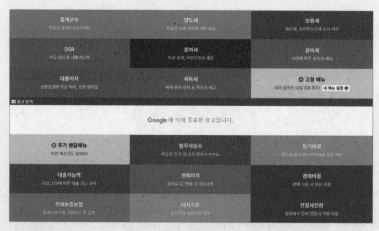

출처: 부동산계산기 부동산계산기.com

자본심資本心

05 규제지역과 비규제지역의
개념과 차이

부동산 투자자라면 상식으로 알아야 하는 내용이 더 있다. 이 역시 중요한 이야기 가운데 하나다. 바로 규제지역과 비규제지역이다. 부동산에 투자하려면 규제지역과 비규제지역을 이해해야 한다. 해당 개념을 알면 세금 문제뿐만 아니라 투자 시야를 전국으로 넓혀서 살펴볼 때 해당 지역의 규제 상황에 맞추어서 올바른 투자 판단을 내릴 수 있다.

규제지역 및 비규제지역은 말 그대로 규제받는 지역과 규제를 받지 않는 지역이다. 대한민국의 모든 땅은 크게 이 두 종류로 구분할 수 있다. 이를 더 단순하게 정리하면, 규제지역은 서울과 수도권, 비규제지역은 지방이라고 보면 된다. 물론 더 세부적으로 파고들어 가면 서울과 수도권 내에도 비규제지역이 있고, 지방에도 규제지역이 존재하지만—2022년 10월을 기준으로 지방 지역 대부분이 규제지역에서 해제되었고, 세종시만 유일하게 규제지역으로 남아 있다—, 여기서는 여러분의 이해를 돕고자 단순하게 서울과 수도권은 규제지역, 지방은 비규제지역이라고 구분해서 설명하겠다.

규제지역은 다시 투기과열지구와 조정대상지역으로 나뉜다. 여기에 속하지 않은 곳을 비규제지역으로 볼 수 있다. 규제지역에서는 1채까지만 취득세 중과가 없고, 이후부터는 취득세가 8%, 12%, 이런 식으로 늘어난다. 이미 1채를 보유한 투자자 중에서 똑똑한 투자자라면 당연히 '세금 중과가 없는 비규제지역'으로 눈을 돌려서 취득세 중과 없이 1채를 더 투자하겠다고 생각할 것이다. 치열한 자본주의에서 성공할 수 있는 매우 현명한 선택이다. 그런데 이런 생각을 가진 투자자들이 많이 움직일수록 전국적으로 풍선 효과balloon effect가 일어나기도 한다. 정부가 어떤 지역을 규제하면 그에 대한 반사 이익으로 오히려 비규제지역의 매물 가격이 오르는 현상이 벌어지는 것이다.

말이 나온 김에 규제지역과 비규제지역에 투자할 때 알아야 할 중요한 이야기를 하나 더 해보고자 한다. '보유'와 '거주' 개념 이야기다. 내용이 조금 어려울 수도 있으니 꼼꼼하게 읽기를 권한다.

자본심資本心

현행 정책상 규제지역에 투자하는 투자자가 양도세 비과세 대상이 되려면 해당 매물을 2년 동안 보유하는 것은 물론이고 거주까지 해야 한다. 쉽게 말해서 갭투자를 하지 말라는 규제다. 갭투자는 내 소유의 부동산에 내가 거주하지 않고 전세를 주는 일이다. 그런데 비규제지역에는 이 사항이 적용되지 않는다. 즉, 내가 거주하지 않고 보유만 해도 된다.

이 책의 주요 독자는 대부분 젊은 MZ 세대다. 부모와 함께 살거나 원룸이나 오피스텔에 따로 거주하며 부동산에 한번 투자해보려는 사람들이다. 이런 사람들도 비규제지역의 부동산을 2년간 보유하면 양도세를 안 내도 된다. 취득세는 그냥 1%가 적용될 테고, 보유세도 다 합쳐봐야 몇십만 원 수준이다.

물론 2년 보유 사항을 지키지 못하면 많은 세금을 감수해야 한다. 1년 안에 집을 팔면 차익의 약 70%를 세금으로 낸다. 그리고 2년 안에 팔면 세금이 약 60%다. 어마어마한 금액이다. 만약 A씨가 부동산을 샀는데, 해당 부동산의 가격이 1년간 1억 원이 올라서 바로 판다면 단순 계산으로도 7,000만 원이 세금으로 날아간다. 그렇기에 아무리 집값이 폭등해도 좀 더 기다리며 2년을 채우는 편이 훨씬 더 이득이다. 결국 부동산에 투자하려면 규제지역과 비규제지역에 대해 정확하게 알아야 한다.

이제 조금 더 세부적으로 규제지역인 투기과열지구와 조정대상지역에 대해 살펴보겠다. 참고로 2022년 9월 21일 자 정부 발표

(26일부터 순차 시행) 이후 투기과열지구 대상지역과 조정대상지역 목록에 큰 변화가 있었으니 이 점을 꼭 참고하기를 바란다. 부동산 시장 분위기와 경제 상황에 따라서 국가에서 지정하는 규제지역은 종종 달라질 수 있다는 점을 유의하자. 먼저 차이점 위주로 이야기하고자 한다.

1) 투기과열지구

투기과열지구에서는 주택담보대출 시 해당 부동산 가격이 9억 원 이하일 경우에는 LTV 40% 적용, 9억 원 이상은 LTV 20% 적용, 15억 원 이상이라면 전혀 대출이 나오지 않는다.

투기과열지구는 등기를 완료할 때까지 분양권 전매轉賣 제한(소유권 이전 등기일까지 최대 5년), 청약 1순위 제한, 5년 이상 무주택자에게 신규 주택 75% 우선 공급, 조합원 지위 양도 금지 등의 제한도 뒤따른다.

2) 조정대상지역

조정대상지역은 지난 3개월간 해당 지역 주택가격 상승률이 시·도 소비자물가 상승률의 1.3배를 초과한 지역에 한해서 지정할 수 있다. 조정대상지역에서는 주택담보대출 시 해당 부동산 가격이 9억 원 이하일 경우에는 LTV 50%, 9억 원 이상은 LTV 30%가 적용된다. 서민과 실수요자에게는 5억 원 이하의 주택에 LTV를 70%까지 적용한다.

자본심資本心

조정대상지역에서는 등기를 완료할 때까지 분양권 전매 제한 (소유권 이전 등기일까지 최대 3년), 다주택 양도세 중과, 장기보유특별공제 배제, 분양권 전매 시 50% 단일 세율 적용, 1순위 청약 자격 강화 등의 규제가 있다.

정부에서 2022년 9월 21일에 발표한 자료에 따르면, 국내에는 39곳의 투기과열지구와 60곳의 조정대상지역이 있다. 같은 해 7월 5일에 발표했던 43곳의 투기과열지구와 101곳의 조정대상지역 명단과는 수나 대상지역 면에서 큰 차이가 있다.

다만 지면의 한계상 모든 지역의 명단을 이 책에 담지는 못 했으니 이 점을 양해 바라며, 투자 전에 반드시 해당 명단을 찾아서 참고하기를 바란다. 정부가 최근 몇 년간 주택 공급이 늘어나 수요가 뒤따르지 못해 시장이 침체되었다고 판단하면 조정대상지역에서 제외하기도 한다.

투기과열지구와 조정대상지역을 통틀어서 규제지역으로 보면 되고, 그 밖의 지역이 비규제지역이다. 해당 사항을 한눈에 이해하기 쉽도록 그림으로 정리했다.

| 부동산 투자 지역 구분 |

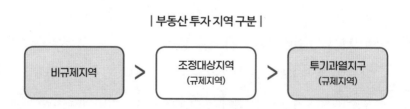

조정대상지역 해제란 한마디로 다주택자의 양도세를 낮추거나 풀어준다는 의미다. 양도세 중과가 조정대상지역에서만 발생하기 때문이다. 집을 2채 보유했을 경우 양도세 20% 추가, 3채라면 양도세 30%를 추가로 내야 한다.

정치적인 이야기로 비추어질 수도 있겠으나, '양도세 중과 폐지'와 '조정대상지역 해제'는 같은 말이다. 다만 전자의 표현보다 후자의 표현이 국민이 느끼는 거부감이 덜하다. 집을 여러 채 가진 부자들의 세금을 낮추어주는 정책을 반기거나 옹호하는 국민은 얼마 되지 않을 테니까 말이다.

조정대상지역으로 지정되면 집값 상승이 억제되는 모습이 나타난다. 투기적인 수요를 억제해 집값 상승을 억제하는 것이다. 세금(확대), 대출(축소), 청약 조건 등으로 규제한다. 그런데 이 경우 예상치 못한 풍선 효과가 부동산 시장에서 종종 벌어진다. 어느 한곳을 조정지역으로 지정했더니 수요가 주변으로 점차 확대되어 결과적으로 대한민국 전체가 조정지역으로 묶이는 일이 벌어진다. 거꾸로 조정지역을 해제할 경우, 세금이 줄고 대출이 늘며 청약 조건이 완화되어 억눌려 있던 시장 분위기가 살아나는 양상을 보이기도 한다. 따라서 부동산 투자자라면 규제지역과 비규제지역을 명확하게 이해하고 항상 정부의 정책 변동 추이와 시장 상황에 관심을 기울일 필요가 있다.

참고로 정부의 부동산 정책은 부동산 시장의 분위기에 따라서 수시로 바뀐다. 한마디로 살아 있는 생물처럼 끊임없이 움직인다.

자본심資本心

정부는 부동산 시장이 상승장이라면 투기 억제를 위해 규제를 강화하지만, 집값 하락으로 시장 분위기가 여의치 않으면 규제를 풀어서 침체된 분위기를 바꾸려고 한다. 한마디로 규제 옥죄기와 풀기가 반복되는 것이다. 지난 문재인 정부에서는 치솟는 집값을 억누르고자 규제를 가했다면, 윤석열 정부에서는 전 세계 경제 침체와 맞물려 고전하는 국내 부동산 시장의 분위기를 부양하고자 규제를 푸는 정책 선회를 시도 중이다. 부동산 투자자라면 정부의 이런 정책 변화에 주목할 필요가 있다. 특히 계속 말하는 것처럼 가장 최근의 변화인 '세종시를 제외하고 부산광역시 등 지방 전 지역 규제지역 해제' 관련 기사들을 주목할 필요가 있다.

06

—

부동산 투자의 본질, 레버리지와 LTV

부동산의 본질은 레버리지다. 누구나 집을 사기 위해서는 가장 먼저 끌어올 수 있는 자산부터 모두 계산한 후에 이후의 과정을 어림해봐야 한다. 돈이 많아서 현찰로 집을 사는 사람이라면 걱정이 없겠지만, 대부분의 사람은 레버리지로 집을 구매한다. 대표적인 것이 주택담보대출, 즉 LTV다.

그런데 LTV는 불변의 정책이 아니다. 정부가 어떤 부동산 정책을 내놓느냐에 따라서 대출 비율이 달라진다. 기본적으로는 시장이 과열되었다 싶으면 대출 비율이 줄어들고, 시장 침체에 따라서 정책적으로 상향이 필요할 때는 대출 비율이 늘어난다. 여기서는 과거의 이야기는 다시 다루지 않겠다. 다만 현재의 규정이 중요하므로 이를 중심으로 간략하게 소개할 예정이다.

자본심資本心

LTV는 주택을 담보로 그 가치에 따라서 대출해주는 제도다. 그러므로 주택가격이 비쌀수록 담보의 가치가 높아져 더 많은 돈을 대출할 수 있다. 주택 가치는 한국감정원, KB부동산 시세, 국세청 기준시가 등으로 평가한다. 일반적으로 빌라나 다세대 주택은 감정가를 기준으로 삼지만, 거래량이 많은 아파트는 시세를 기준으로 삼는다는 것 정도의 사항만 알아두면 좋다. LTV는 주택의 해당 지역, 주택가격, 소유자가 보유한 주택 수 등에 따라서 개인별로 적용이 다르다. 기본적인 LTV 계산 공식은 다음과 같다.

LTV=(은행의 대출 금액/담보 매물의 실제 가치)×100

가령 LTV 40% 적용 지역에서 집값이 6억 원이라면, 은행에서 융통할 수 있는 대출금은 최대 2억 4,000만 원(6억 원의 40%)이다. 그런데 해당 주택에 보증금 2억 원을 낸 세입자가 살고 있다면, 대출 가능액인 2억 4,000만 원에서 보증금 2억 원을 뺀 4,000만 원이 필요 대출액이 된다.

모름지기 투자는 항상 정책과 규정, 때에 맞는 시장의 흐름을 알아야 한다. LTV를 활용해서 부동산에 투자한다면 어떻게 움직여야 할까? 물론 대출을 받고 싶다고 해도 원하는 만큼 돈이 나오는 것은 아니다. 2022년 9월 21일 자 정부 정책 발표로 일부 지역의 LTV 및 DTI^{Debt To Income}(총부채 상환 비율)가 완화되기는 했지만, 일반적으로 현행 제도 기준으로 9억 원 이하의 주택은 40%까지 대출받을 수 있다. 그리고 9억~15억 원까지는 20%의 LTV를 적용받는다. 만약 집값이 15억 원이 넘는 고가라면 대출이 안 된다. 이것이 현재의 규정이다.

물론 방금 말한 것처럼 이는 일반적인 기준이고, 지역별 특성에 따른 LTV 차이, LTV 적용 이후 DSR^{Debt Service Ratio}(채무 상환 비율) 반영 차이 등의 상황을 고려해야 하므로 정확한 지역별 LTV 기준은 투자 시에 반드시 한 번 더 확인해야 한다.

서울 아파트 중윗값을 계산하기 쉽도록 10억 원이라고 가정하면, 은행에서 받을 수 있는 대출은 40% 이하라고 봐야 한다. 결국, 서울 중위 가격의 아파트를 사서 직접 거주하려면 현재는 약 6억 원에 가까운 돈이 필요한 것이다.

그래서 사람들은 정부가 추진하는 부동산 정책 중에서 특히 LTV 비율 변화에 관심이 많다. 투자자뿐만 아니라 일반 국민의 최대 관심사 중 하나다.

자본심資本心

보유 투자금에 따른
효과적인 부동산 투자법

여러분에게 5억 원이 있다면 어떤 부동산 투자를 할 수 있을까? 5억 원으로는 현재 서울 소재의 전세를 낀 중위권 아파트를 구입할 수 있다. 즉, 서울 중위권 아파트의 갭투자가 가능하다. 만약 종잣돈이 3억 원이라면 서울은 솔직히 힘들고, 수도권 소재의 전세를 낀 아파트에 갭투자가 가능할 것이다. 그러나 사실 이 책을 읽는 사람 중에는 종잣돈 1억 원 이하로 투자를 생각하는 사람도 많을 것이다. 1억 원 이하의 종잣돈으로는 어떤 부동산 투자가 가장 효과적일까?

종잣돈이 1억 원 이하라면 당연히 서울이나 수도권 부동산 투자는 힘들다. 이럴 때는 시야를 넓혀서 전국으로 눈을 돌려보는 것을 추천한다. 취득세 부담이나 규제가 거의 없는 지역으로 가서 투자해보는 것이다. 그곳에서 내 인생 1호 부동산을 만들면 된다.

만약 여러분이 비규제지역에서 인생 1호 부동산의 주인이 되었다면, 앞에서 말한 것처럼 거기에 머물지 말고 비규제지역에서 2주택 보유를 시도해야 한다. 그리고 이후의 행보는 바로 법인 설립이다. 법인이 있으면 대출이나 비용적인 부분에서 도움을 받을 수 있다. 다만 지금 당장은 법인 단계까지는 이해하지 않아도 좋다.

앞에서 소개한 대로 규제 예외 대상인 '공시지가 1억 원짜리 매물'에 주목하는 것도 좋은 방법이다. 비록 현재 수중에 지닌 투자금이 적을지라도 월급쟁이의 삶에서 벗어나 투자자의 길로 향하는 첫 번째 행보가 바로 내 인생 1호 부동산 만들기라는 사실을 꼭 기억하기를 바란다. 누차 말하지만, 투자는 실행이 중요하다.

좀 더 구체적인 투자 방안인 3,000만 원으로 시작하는 아파트 투자법은 뒤에서 상세하게 정리할 예정이지만, 여기서 잠깐 소개해보고자 한다. 만약 여러분에게 3,000만 원이라는 종잣돈이 있다면 이것 하나만 실천해도 된다.

바로 비규제지역의 2억 원짜리 아파트를 전세를 껴서 투자금 3,000만 원으로 사는 것이다. 비규제지역의 매물은 2년 보유 시 비과세 대상이다. 그리고 내가 그 집에 살지 않고 팔더라도 양도세가 부과되지 않는다.

2억 원짜리 아파트가 2년 후에 3,000만 원 정도 올라서 2억

3,000만 원이 되는 일은 우리 주변에서도 흔하게 벌어지는 일이다. 결과적으로 이런 투자는 세금 부담 없이 2년 만에 3,000만 원을 더 버는 투자다.

사람들은 "돈이 없어서 집을 못 산다"라고 말하지만, 반은 맞고 반은 틀린 이야기다. 집을 살 수 있을 만큼 돈을 많이 모으는 때가 과연 올까? 평범한 일반인이라면 아무리 월급을 모아도 그런 시기를 일생 동안 절대로 만날 수 없다.

집이 없는 사람들은 항상 집값이 비싸다고만 생각한다. 그들의 머릿속에서 집값은 언제나 비쌀 뿐이다. 이런 사람들은 혹여라도 집값이 내려간다고 해도 더 내려가기를 기다리다 결국 집을 못 산다.

즉, 무주택자는 이런 판단을 반복하면서 평생 집을 사지 못한다. 게다가 기본적으로 부동산 가격은 계속 우상향한다. 폭등까지는 아니더라도 자본주의 세계가 존재하는 한, 집값은 계속 오른다는 게 필자의 견해다.

정리하면 집값을 모아서 집을 사겠다는 생각은 구시대적인 생각일 뿐이다. 그런 접근법으로는 절대로 집을 살 수 없다. 현재 부동산 시장은 일시적으로 조정을 받고 있지만, 결국 집값은 우상향할 것이다. 과거를 돌이켜봐도 전 세계적인 경제 불안이나 경기 불황 시절에서도 지나고 보면 결국 집값은 올랐다. 자본주의의 논리가 이렇다면, 집값이 내려가는 때가 오히려 집을 마련하는 좋은 타이밍이 될 수 있다.

07 — 현재 1주택자라면
어떤 방법을 선택해야 할까

현재 1주택자가 자산을 늘리기 위해서 바라는 것은 무엇일까? 당연히 내가 산 집의 가격이 오르기만을 바랄 것이다. 심지어 '내 집 값은 계속 오르고 다른 곳의 집값은 모두 내려갔으면 좋겠다'라고 생각할 수도 있다. 누구나 내 집값이 오르기를 바란다. 다만 집값은 상대적인 측면이 강하기에 좀 더 자세히 말하자면 만약 내 집이 마포에 있다면 마포 지역의 집값만 오르고 나머지 지역은 떨어지기를 바랄 것이다. 하지만 이는 현실에서는 절대 일어날 수 없는 꿈같은 일이다.

다시 본론으로 돌아가 보자. 그렇다면 현재 1주택자가 자산을 늘리기 위해서 취할 수 있는 방법은 무엇일까? 1주택자의 다음 계획이나 행보는 대략 다음과 같다. 첫 번째로 집을 1채 더 사는 것이

자본심資本心

다. 즉, 추가 매입으로 2주택자가 되는 것이다. 두 번째로 2주택자가 될 게 아니라면, 다른 집으로 갈아타는 것을 고민할 것이다. 여기서 갈아탄다는 이야기는 결국 내릴 생각이 없다는 말이다. 즉, '갈아탄다'라는 표현에는 '내 투자를 중단한다'라는 전제가 없다.

마지막으로 1주택자가 내릴 수 있는 나머지 의사결정은 집을 팔고 다시 무주택자가 되는 것이다. 필자는 세 가지 선택지 중에서 무주택자로 다시 돌아가는 것은 절대로 권하지 않는다. 해당 선택은 세 선택지 중에서도 가장 하수가 하는 선택이다. 그렇기에 되도록 첫 번째나 두 번째 방법을 권유한다.

혹시라도 어디까지나 투자 차원에서 '지금 집값이 너무 많이 오른 것 같으니, 일단 팔고 집값이 다시 내려가면 사자'라고 생각해서 용감하게 집을 팔겠다는 결정을 내릴 수도 있다. 그러나 부동산은 주식과는 다르다. 그런 방법으로 접근하면 망하기에 딱 좋다. 주식은 그렇게 해서 수익이 날 때도 있다. 내가 산 주가가 오르내리기를 반복하는 흐름을 이용해서 차익을 노리는 것이다. 물론 이는 운도 적당히 따라주어야 가능한 일이다. 하지만 부동산을 그런 식으로 바라보고 접근하면 절대 안 된다. 그러니 현재 1주택자가 선택을 고민하는 중이라면 다시 무주택으로 돌아가는 세 번째 길은 눈길조차 주지 말자.

그렇다면 남은 건 두 가지 길이다. 먼저 갈아타기부터 살펴보자. 갈아타기로 마음을 굳혔다면 어떤 집으로 갈아타야 할까? 아마 기존보다 더 좋은 집, 더 좋은 동네, 더 좋은 아파트로 가야 할 것이다. 투자자 마인드를 가졌다면 아직 가격이 덜 오른 아파트로 가서 시세 차익을 노리는 방법도 있다. 그런데 이 판단은 실수할 가능성이 상대적으로 크니 조심해야 한다. 따라서 기본적으로 내가 초보 부동산 투자자인데 집을 갈아타고자 한다면 현재 거주하는 집보다 더 좋은 동네로 가는 것이 원칙이다.

다른 집으로 갈아타려면 먼저 가용 자금부터 정확하게 계산해봐야 한다. 예컨대 현재 내 집의 가격이 7억 원이고 내가 갈아타려는 집 가격이 12억 원이라면 단순하게 계산해봐도 5억 원이 더 필요하다. 이 경우 그동안 내가 모은 예금과 LTV로 얼마나 마련할 수 있는지 계산해서 가능하다고 판단하면 갈아타면 된다.

이 과정에서 '거주와 투자의 분리'라는 옵션도 생각해볼 수 있다. 전세를 끼고 더 좋은 아파트를 매수한 후, 다른 곳에서 일시적으로 반전세와 같은 형태로 거주하는 것이다. 그리고 2년 후에 대출이 좀 더 완화되면 대출을 일으켜서 임차인의 전세금을 내주고, 본인이 그 집에 직접 들어가서 사는 것이다. 투자금이 부족하다면 이렇게 해보는 것도 좋은 방법이다.

그러나 투자자 마인드를 갖추고 부자가 되고자 한다면 더 좋은 집으로 갈아타는 1주택자보다는 2주택자가 되기를 권한다. 1주택자에서 벗어나 2주택자의 길로 가야 경제적 자유를 누리는 초석을 만들 수 있다. 단도직입적으로 말해서 1주택 갈아타기로는 강남의

자본심資本心

좋은 집까지 도달하기가 정말 어렵다. 가능성이 더 큰 것은 2주택, 나아가 다주택자로 가는 길이다.

참고로 집을 갈아탈 때는 하락장 시기가 도움이 된다. 상승장에서는 내가 원하는 매물의 가격이 더 높은 곳에 있기 마련이다. 반면에 하락기에는 가격 하락에 더해서 정책적으로도 대출이 풀리고 세금이 낮아지기도 한다.

이런 정책을 효과적으로 활용해서 나에게 이로운 투자 방향으로 상황을 설정한 후에 기존 집을 팔아서 평소에 원하던 집으로 갈아타는 시나리오가 제일 좋다. 그러다 보면 다시 상승장이 찾아와 집값이 올라서 수익을 낼 수 있다.

부자가 되고 자산가로 살기를 원한다면 1채 더 사는 길을 선택해야 한다. 물론 현재의 국가 정책은 다주택 소유의 길을 막고 있다. 따라서 과거처럼 보유 부동산 수 늘리기가 불가능하다. 그렇다고 포기하기에는 이르다. 일단 포기하지 말고 마음을 굳게 먹자. 현재 정책이 다주택의 길을 막고 있다면 꼭 주택을 고집할 이유는 없다. 정책이 바뀔 때까지 기다리면 된다. 또는 비주택으로 눈을 돌리는 것도 좋다. 부동산은 크게 주택과 비주택으로 나뉘는데, 여기서 비주택은 집을 제외한 상가, 건물, 땅 등을 말한다.

혹시 부루마불이라는 게임을 아시는가? 필자는 부동산 투자를 이야기할 때 종종 이 게임에 비유해서 설명한다. 부루마불은 각 게이머가 주사위를 던져서 나온 숫자만큼 1칸씩 이동하며 땅을 사고 그 위에 건물을 짓는 것을 원칙으로 한다. 그리고 상대 게이머가 내 땅에 멈추면 체류비(사용료)를 받는 게임이다. 자본주의 시스템을 축약한 게임이다.

게임에서 더 큰돈을 벌고 승자가 되려면 내가 사들인 지역이 싼 지역이든, 비싼 지역이든 땅값에 상관없이 그 위에 건물을 지어서 상대 게이머가 내 땅에 머물 때 사용료를 받아야 한다. 현실도 마찬가지다.

결국 자산의 증식은 단번에 이루어지는 일이 아니라 하나씩 늘려가는 과정에서 이루어진다. 똑똑한 갈아타기는 자산을 증식하는 방법이지만, 다주택자가 되는 것에 비해서는 소극적인 투자 방법이다. 그래도 현재 가진 것보다 좋은 매물로 일단 한 번 정도 갈아타는 것은 좋다. 그렇게 한 번 정도 적절히 갈아타는 데 성공했다면 다음부터는 다주택자의 길로 가야 한다. 저축으로는 절대로 답을 찾을 수 없다. 다주택자의 길이야말로 자본주의 사회에서 진정으로 부자가 되는 방법이다.

자본심資本心

08 — 부동산 투자는 사이클을 이해해야 한다

집을 살 때는 부동산 시장의 흐름을 알면 큰 도움이 된다. 부동산 시장도 사이클이 있다. 자본주의 시장의 논리에 따라서 부동산 시장도 당연히 흐름이 존재한다. 그래서 부동산에 투자하려면 사이클을 이해해야 한다.

가장 먼저 참고해야 할 사항은 '전세가율傳貰價率'이다. 전세가율이란, 말 그대로 '집값 대비 전셋값의 비율'을 뜻한다. 1억 원짜리 집에 7,000만 원의 전세가 들어 있다면 전세가율은 70%다.

전세가율은 집값의 향방을 알려주는 지표로 많이 참고하는 자료다. 즉, 향후 집값이 어떤 방향으로 옮겨갈지 예측하는 데 유용한 자료다. 전세가율이 높다는 것은 실제로 거주하고 싶은 수요가 높다는 뜻이니 집값이 오르는 신호로 볼 수 있다. 반대로 전세가율이 낮으면 전세 수요가 없어서 집값이 내려간다는 신호다.

　만약 집값이 내려가서 매매가 일어나지 않는다면 어떤 일이 벌어질까? 정부는 부동산 시장이 움츠러들면 각종 규제를 풀어서 시장의 활성화를 도모한다. 과거 박근혜 정부 시절에 금융권의 LTV 한도를 최대 70~80%까지 완화한 일이 대표적인 사례다. 반대로 부동산 시장이 상승기에 돌입하면 정부는 수많은 지역을 과열지구로 묶어서 매매를 제한하고 LTV, DTI 정책을 보수적으로 바꾼다.

　그런데 여기서 필자가 강조하고 싶은 이야기는 따로 있다. 부동산 시장의 상승세나 하락세와는 상관없이 시장의 분위기는 부동산 투자를 하는 데 절대적인 고려 요소가 될 수는 없다는 점이다. 어차피 집이라는 것은 아무리 가격이 내려간다고 해도 사려면 큰돈이 필요한 재화다. 절대로 개인의 월급으로 감당할 수 있는 수준이 아니다. 따라서 상승이든 하락이든 시장의 가격을 참고는 하되, 분위기에 따라서 부동산 투자를 주저하는 일이 있어서는 안 된다. 시장 분위기가 하락장일 때도 이를 역으로 활용해서 경매 등의 매입 방법으로 부동산을 저렴하게 매입할 수 있기 때문이다. 책에서 반복해서 강조하는 이야기다. 말로만 주장하는 것보다 필자의 경험을 소개하는 편이 더 도움이 될 것 같아서 한 가지 이야기를 말하고자 한다.

　필자는 2008년 서브프라임 모기지 사태 시절에 적극적으로 부

　　　　　　　　　　　　　　자본심資本心

동산 투자를 했다. 미국발 글로벌 금융위기가 우리나라 부동산 시장의 붕괴를 촉발한 시절이었다. 우리나라 역시 전 세계적인 경제 위기의 여파에서 벗어나지 못했다. 그전까지만 해도 사람들은 '집은 반드시 사야 하는 것'이라고 생각했지만, 전 세계적으로 경제 위기가 발생하고 집값이 하락하는 현실이 눈에 보이자 '집은 사는 것이 아니고 거주하는 곳'이라고 생각을 바꾸었다.

그러나 과연 이런 생각이 옳았을까? 오히려 필자는 당시의 위기 상황이 자산을 증식하는 데 큰 도움이 되었다. 부동산 시장에서 영원한 하락은 없기 때문이다. 당시에는 많은 사람이 자신의 자산을 지키기 위해서 전세를 선택했지만, 투자 시에는 이런 발상의 전환이 큰 수익을 가져다준다.

한편으로 부동산 시장의 흐름을 이해하는 데 있어서 입주 물량을 파악하는 일도 매우 중요하다. 어떤 지역에 향후 2~3년간 입주할 물량이 많다면, 집값이 안정세를 보이거나 떨어질 수 있다. 그래서 비록 현재 전세가율이 높아서 수요가 많은 지역이라 해도 지역의 향후 입주 물량이 얼마나 될지는 반드시 실제로 살펴봐야 한다.

부동산 시장 역시 수요와 공급의 법칙에 따라 움직이는 시장의 논리에서 예외일 수 없다. 즉, 공급이 많으면 가격이 내려가고 공급이 적으면 가격이 오른다.

입주 물량 정보는 '부동산 지인 사이트'에서 확인할 수 있다. 다음의 그림은 2022년 7월에 조정대상지역(규제지역)에서 풀린 대구

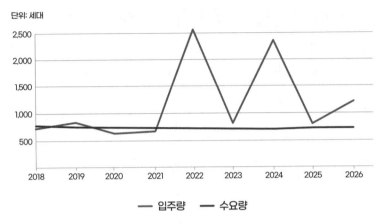

| 대구광역시 남구 입주량 및 수요량 추이(2018~2026년 기준) |

단위: 세대

출처: 부동산 지인

광역시 남구의 아파트 수요 및 입주량을 나타낸 자료다. 이 자료에서 우리가 파악할 수 있는 정보는 여러 가지다.

가장 눈에 띄는 부분은 2022년과 2024년의 입주량이다. 수요보다 몇 배 이상 많은 입주량이 진행 중이거나 계획되어 있다. 2018~2021년은 입주량이 수요보다 조금 모자란 모습인데, 이는 공급 대비 수요가 많다는 의미다. 이를 통해서 해당 기간에 집값이 올랐을 거라고 짐작할 수 있다. 실제로 남구뿐만 아니라 대구광역시 전 지역에서는 2018년부터 2020년까지 집값이 꾸준히 올랐고, 이후 심각한 조정을 받고 있다. 과다하게 쏟아지는 공급 물량을 견뎌내기가 쉽지 않은 것이다. 그러나 하락 뒤에는 분명히 상승이 다시 온다. 지금은 매우 힘든 시기를 보내고 있는 대구 부동산 시장이지만, 앞으로는 반드시 좋은 투자 기회가 다시 올 것이다.

자본심資本心

이처럼 부동산에 투자할 때는 데이터를 통해서 전반적인 시장의 분위기와 흐름을 읽을 줄 알아야 한다. 그렇게 조금씩 투자 시야를 넓혀가며 종합적인 투자 판단을 내려야 한다. 앞에서 설명한 대로 전세가율의 이해와 입주 물량을 확인하는 일, 그리고 규제지역에서 비규제지역으로 풀리는 지역의 정보 등을 하나로 모아서 투자 시에 적극적으로 활용해야 한다.

또 다른 그래프를 더 살펴보고자 한다. 매매가와 전세가가 서로 얼마나 밀접하게 맞닿는지를 확인하는 자료다. 범례대로 그래프 안에서 위에 있는 선이 매매가, 아래에 있는 선이 전세가다. 이 둘은 붙었다 떨어지기를 반복하는데, 이것이 바로 갭이다. 갭이 줄어들면 에너지가 쌓이는 것으로 이해하면 된다.

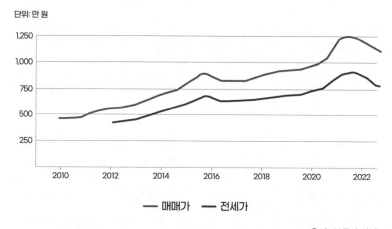

| 대구광역시 평당 매매가 및 전세가 추이(2010~2022년 기준) |

단위: 만 원

출처: 부동산 지인

이 그래프에는 한 가지 원칙이 있다. 전세가는 절대로 매매가를 뛰어넘을 수 없다는 점이다. 실제로 이 그래프에서처럼 전세가가 매매가에 다가가면 결국 매매가가 더 위로 올라가는 모습이 반복되었다.

그런데 무주택자들은 매매가와 전세가가 맞닿으면 주로 관망세를 취하며 매매보다 전세로 사는 것을 유지한다. 하지만 전세가가 매매가 아래로 내려오는 일은 지금까지 없었다.

정리하자면, 갭이 줄어들 때는 에너지가 쌓이는 것이고, 매매가는 이내 더 위로 올라간다. 이때 관망만 했다면 더 높이 올라간 매매가를 보며 허탈해할 수밖에 없다. 이 또한 부동산 시장에서 늘 반복된 흐름이다. 그러니 다음의 두 가지를 기억하자.

① 매매가와 전세가의 갭이 줄어들면 집을 살 시기다.
② 매매가와 전세가의 갭이 늘어나면 집을 팔 시기다.

부동산에 투자할 때는 지금까지 소개한 자료들을 종합적으로 살피고 취합해서 투자자로서 올바른 판단을 내릴 줄 알아야 한다. 시장의 분위기와 흐름이 하락세라 해도 전국으로 눈을 돌리면 어딘가에는 상승 지역이 있다. 이 또한 부동산 시장만의 독특한 구조다. 한 번 더 서브프라임 모기지 사태를 예로 들자면, 당시 수도권을 비롯한 전국의 부동산 시장 흐름은 전반적으로 하락세였지만, 부산과 대구 지역에서는 오히려 부동산 가격이 상승했다. 부동산 시장은 어떤 위기가 온다고 해도 모든 지역이 전부 하락하지는 않는다. 이 역시 주식과는 다른 점이다.

부동산 시장에서는 전체 시장의 흐름과 상관없이 집이 부족한 지역이라면 해당 지역의 집값은 반드시 오른다. 즉, 분위기에 따라서 가격이 결정되는 것이 아니라 철저히 수요와 공급의 논리로 결정되는 것이다. 투자자라면 이런 점을 예의주시해야 한다. 어떤 시기든지 저평가된 지역은 늘 있다. 그걸 찾아내는 것이 부동산 투자의 혜안이자 돈을 버는 길이다.

부동산 하락의 시대는
과연 도래할까

최근 각종 언론에서 전세가 하락, 매물 증가 등의 이야기를 연일 보도하고 있다. 여러 보도에 따르면 서울의 아파트 평균 전세가 역시 3년여 만에 하락했다고 한다. 이런 기사를 보면 어떻게 이해하고 판단하는 것이 좋을까?

부동산 시장의 전반적인 침체는 몇 가지 이유가 복합적으로 작용한 결과다. 즉, 전 세계적인 인플레이션 기조基調와 이렇게 치솟은 물가를 잡기 위한 가파른 금리 인상의 여파가 시장에 작용한 결과다. 부쩍 높아진 은행 이자 부담도 결국 부동산 시장의 하락을 만든다. 이런 추세는 앞으로도 한동안 계속될 것이다. 여기에 전 정부에서 실시한 각종 규제도 한몫 거들었다.

자본심資本心

그런데 젊은 MZ 세대나 아직 집이 없는 실수요자들에게는 최근의 부동산 가격 조정 시기가 내 집 마련의 적기가 될 수도 있다. 매물이 쌓이고 집값이 내려가는데 집을 사라고 하니 다들 어리둥절할 것이다. 집값이 한참 내려가는 상황인데 지금 집을 사면 바보라고 생각할 수도 있지만, 앞에서 계속 말했던 내용을 기억하자. 눈치만 보다가는 평생 집을 못 산다. 집값이 싸지는 시절만 기다리다 보면 헛되이 세월만 보내게 된다. 그런 생각은 환상에 불과하다. 집은 월급을 모아서 살 수 없다. 아무리 집값이 내려간다고 한들, 어차피 집값은 월급으로 감당할 수 있는 수준이 아니다.

강조하고 싶은 것이 있다. 전세가는 '사용가치제'다. 전세를 여러 채 마련하는 사람은 없다. 자기에게 꼭 필요한 1채만 전세로 산다. 즉 전세는 매매와 달리 해당 매물을 사용해야 하기에 사용가치제가 적용된다. 이를 다르게 보면 전셋값의 안정화를 의미한다. 매매가는 간혹 투기 수요가 더해져서 거품이 낄 가능성이 있다. 하지만 사용가치제인 전세가는 거품이 낄 여지가 거의 없다. 쉽게 말해서 물가와 같은 개념으로 이해하면 된다. "과거에는 자장면 가격이 얼마였다"라는 식의 물가로 이해하는 것이다.

물론 간혹 특정 시기와 특정 지역의 과다 공급으로 전세가가 일시적으로 내려가는 일은 있어도, 크게 보면 전세가는 결국 정상으로 수렴한다. 그래서 전세가의 지속적인 하락은 결코 없다. 전세가는 주가처럼 오르내리는 변동성이 크지 않고, 그보다는 집값처럼 꾸준하게 우상향한다.

09
—

투자자 상황별
맞춤형 투자 전략

이번 챕터에서는 각자의 상황(무주택자, 1주택자, 다주택자)에 따라 도움이 될 투자자 상황별 부동산 투자 전략을 소개하고자 한다. 이미집을 가지고 있는 사람이라면 다시 부동산 투자로 자산을 불려가는 전략을 취하면 된다. 문제는 집이 없는 사람들, 즉 무주택자들이다. 다음 내용을 참조하면 도움이 될 것이다.

1) 무주택자

무주택자는 일단 무주택 상황을 탈출하는 것이 가장 시급한 일이면서 동시에 가장 힘든 일이다. 아직 집이 없는 사람이라면 무주택 상황에서 벗어나기 위해서 필사적으로 노력해야 한다. 필자가 젊은 MZ 세대 수강생들에게 힘주어서 강조하는 이야기도 무주택

탈출이다.

집이 없는 사람들은 돈이 부족하고 경험도 없어서 탈출하기가 어렵다고 변명처럼 말한다. 그러나 그런 말은 진짜 변명에 불과하다. 필자가 최소한의 투자금이라고 생각하는 3,000만 원만 있다면—이 돈마저 없다면, 죽기 살기로 종잣돈 3,000만 원부터 만들어야 한다!—집을 살 방법이 다양하기 때문이다. 초기 투자금이 있다면 바로 들어가서 살 집이 아니더라도 되도록 빠른 시기에 집을 사서 자산을 불려가야 한다. 막연한 두려움은 이 과정에서 하나둘씩 떨어져 나가고 부동산 투자에 대한 편견도 깨진다.

또한 집을 사는 일도 중요하지만, 집을 알아보며 비교하고 적당한 매물을 골라서 계약서를 쓰는 과정을 통해서 자연스럽게 투자 공부도 할 수 있다. 이에 더해서 피 같은 내 돈을 투자하는 데 손해를 볼 수는 없으니 그 어떤 사람이라도 당연히 공부를 더 하게 될 것이다.

이렇게 부동산 투자에 대한 안목이 생기고 시야가 넓어지면 2주택, 3주택의 길이 생각보다 어렵거나 불가능한 일이 아님을 깨달을 수 있다. 물론 최근 몇 년간 정부가 정책적으로 집을 여러 채 보유하는 일을 막았지만, 그렇다고 해서 방법이 없는 것은 아니다. 투자 마인드를 바꾸고 시야를 넓혀서 주위를 잘 둘러보면 법과 제도를 지키며 집을 여러 채 보유하는 일도 충분히 가능하다. 그러니 일단 무주택자라면 내 명의로 된 집 1채를 갖는 것이 최우선 실행 사항이다.

2) 1주택자

1주택자라면 먼저 자연스럽게 이런 고민을 할 것이다. '1채를 더살까, 아니면 더 똘똘한 집으로 갈아탈까?'라는 고민이다. 앞에서도 소개한 것처럼 1주택자의 고민은 갈아타거나 1채를 더 사는 것의 두 가지다. 일반적으로 1주택자는 집값이 내려가도 웬만해서는집을 팔지 않는다. 즉, 자산 가치가 더 하락하기 전에 과감하게 집을 팔아서 현재 자산 상태를 유지하겠다고 생각하지는 않는다. 물론 예외적으로 증여나 상속으로 집을 받았는데 세금 스트레스를못 견디고 파는 경우도 있기는 하지만, 일반적인 1주택자 대부분은 평생 1주택 상황을 유지한다. 특별한 일이 벌어지지 않는 한, 다시 전세로 가는 일은 없다.

정리하면 1주택자가 고민하는 것은 두 가지다. 그러나 어떤 결정을 내리든 자신의 자산 규모를 파악하는 일부터 선행해야 한다. 통장에 흩어진 돈, 주식에 투자한 돈, '마통(마이너스 통장)'으로 유통할 수 있는 돈 등을 파악해서 전체 자산을 가늠해보는 것이다. 만약 전세를 끼고 투자한다면 전세를 빼고 남는 돈, 실거주자라면 담보대출을 제하고 남는 돈이 얼마인지를 파악해야 한다. 이렇게 자산 전체를 파악한 후 그 돈으로 살 수 있는 집의 종류(아파트, 단독주택 등), 지역, 평수를 알아보면 된다. 갈아타는 쪽으로 결정했다면대개 이런 순서를 따른다.

반면에 갈아타기에는 돈이 부족하거나 현재 거주하는 집이 괜찮다면 추가 투자를 고려할 수 있다. 1주택자는 현재 보유한 집에 실거주하고 있을 확률이 높다. 이런 상황에서 갈아타는 사람들은 일반적으로 자기 직장과의 거리, 자녀의 학교 문제 등 문제가 되는 상황을 해결하고자 갈아타는 결정을 내린다. 그런데 1채를 더 사는 추가 투자는 이런 사항을 고려할 필요가 없기에 투자의 관점에서 선택지가 넓어진다. 이런 상황이라면 더 넓은 집을 사야겠다는 생각이 아니라 상대적으로 저렴한 물건을 살피는 등 좀 더 투자 관점에서 부동산을 바라볼 수 있다. 실거주 목적이 아니기에 투자 대안과 옵션이 더 늘어나는 것이다.

계속 말하는 것처럼 1주택자가 부동산에 투자할 때는 똑똑한 1주택으로 갈아타는 것도 나쁘지 않지만, 1주택 보유만으로는 경제적 자유를 이루기가 어렵다. 집값은 내 집만 오르는 것이 아니다. 내 집값이 오르면 주변의 집값도 함께 오른다. 그래서 가격이 오른 내 집을 팔아서 좀 더 좋은 새집을 장만하는 일도 버겁다. 게다가 대부분의 사람은 나이가 들수록 수입이나 현금 흐름이 점점 줄어든다.

결국, 1주택을 기본으로 보유하고 자신의 현금 사정에 맞추어서 집을 1채 더 갖는 다주택자의 길이 경제적 자유를 얻는 길이다. 그럭저럭 살기에 괜찮은 집을 1채 갖고 있다면, 거기에 안주하지 말고 투자 시야를 넓혀서 집 1채를 더 마련하기를 권한다.

3) 다주택자

남다른 투자 혜안으로 이미 다주택자라면 사실 남 부러울 게 없는 사람이다. 그런데 최근 2채 이상의 집을 가진 사람을 강력하게 규제하는 정부 정책에 부담을 느낀 2주택자들이 가지고 있던 집 중에서 1채를 등 떠밀리듯 처분하는 상황이 일부 발생했다.

다주택자들은 시장의 흐름을 읽는 능력과 정부 정책에 대한 대응 능력이 매우 뛰어난 편이다. 문재인 정부에서 20번이 넘는 규제 정책을 계속해서 퍼부었어도 다주택자들은 끄덕하지 않고 물건 개수를 늘려나갔다. 취득세 중과로 인해 추가 매입에 대한 길이 막히자 '공시가격 1억 원 이하 아파트'라는 틈새시장을 노렸고, 비주택(오피스텔, 생활형숙박시설, 고시텔, 프리미엄 독서실, 무인카페, 상가)으로 영역을 확장하며 계속해서 자산을 증식해나갔다.

결론적으로 다주택자들은 시장 상황이 어려워져도 낙담하거나 겁먹은 채로 피하지 않는다. 그들은 시장 상황에 유연하게 대처하며 어떤 상황에서도 기어코 자기 자산을 불릴 궁리를 한다. 이것이 다주택자들의 투자 마인드다. 우리는 이런 투자 마인드를 참고하고 배울 필요가 있다.

한편으로 과거에도 내 집 마련은 힘든 일이었지만, 지금만큼은 아니었다. 그만큼 날이 갈수록 내 집 마련은 점점 어려운 일이 되고 있다. 그러나 현재 대한민국에서는 부동산 투자가 경제적 자유를 이루는 가장 현실적인 방법이다. 그래서 다들 월급을 아껴서 주식이나 코인에 투자해서 그 돈으로 내 집 마련의 꿈을 꾼다. 하지만 집값은 워낙 비싸기에 이런 방법으로는 절대 살 수 없다.

이런 상황에서는 부동산 투자에 대한 접근법이나 생각을 바꿀 필요가 있다. 첫 번째 단계는 '투자'라는 개념으로 접근하는 것이다. 부동산 투자를 실거주할 집을 구하는 과정이 아니라 몇 년 동안 투자해서 몇천만 원을 버는 투자 과정으로 인식하자. 투자의 관점에서 보자는 것이다. 부동산 투자로 그 정도 버는 일은 흔한 일이다.

앞에서 1억 5,000만 원짜리 집을 1억 3,000만 원에 낙찰받고 1억 4,000만 원에 새로운 전세 세입자를 들인 경매 투자 사례를 다루었다. 그분은 결과적으로 '무피'로 집을 마련했다.

두 번째 단계는 자신감을 키우는 것이다. 부동산에 투자할 때는 경험을 무시해서는 안 된다. 경험을 이기는 이론은 없다. 100권의 부동산 투자 서적을 읽고, 100편의 유튜브 강의를 듣고 이론을 갖추었다 해도 자신감은 결국 경험에서 나온다. 금액이 많든 적든, 부동산 투자는 경험이 한 번이라도 있으면 자신감이 자연스럽게 생긴다. 성공 경험을 기억하고 몸에 새기는 일은 그만큼 중요하다. 성공 경험이 쌓이면 믿음이 생긴다. 정말 부자가 될 수 있을 거라는 믿음이다. 그 순간부터 삶은 경제적 자유에 가까워진다.

두 가지 단계를 알았다면 오늘부터는 돈이 부족하고 없다고 푸념하거나 낙담하지 말자. 1살이라도 젊을 때 재테크 공부를 하고 발품을 팔아서 임장을 다니며 매물을 찾아 나서자. 젊을 때 고생은 사서 한다는 말도 있다. 40~50대가 되어서 임장을 다니기에는 체

자본심資本心

력적으로나 정신적으로 쉽지 않다. 여러분이 부자가 되는 길은 지금 바로 시작하는 행동에서 출발한다.

그리고 돈은 크게 굴릴수록 더 빨리 늘어난다. 세후 250만~300만 원을 번다면 수입 중에서 주거비, 생활비, 문화비 등을 쓰고 남은 돈으로 다른 투자를 하는 것보다 레버리지를 일으켜서 부동산 투자로 돈을 벌자. 그러면 자산이 빠르게 많이 모인다. 레버리지 활용은 필자가 시간이 날 때마다 강조하는 이야기다. 그리고 다음의 조언을 새겨들었으면 한다.

"집을 사는 두려움을 버려라."
"여러 채널에서 소개하는 부동산 공부를 꾸준히 접하고 배워라."
"부자가 될 수 있다는 믿음을 가져라."
"부동산 억제 정책으로 매물이 묶인 시기는 향후 다시 풀릴 가능성이 크다."
"오르내리는 부동산 시장 상황과 관계없이, 효과적인 부동산 투자 방법은 늘 있다."

각종 뉴스와 정책을
꼼꼼하게 살펴라

뉴스를 보면 마치 현재 부동산 시장과 상황이 앞으로 한 가지 방향이나 모습으로만 전개될 것처럼 소개하는 경향이 있다. 그러나 실제로 부동산 시장을 직접 자세히 살펴보면 여러 가지 방향과 모습이 보인다. 그래서 부동산에 투자할 때는 늘 새로운 내용을 배우고 공부하려는 자세를 가져야 한다. 정부에서 내놓는 정책도 마찬가지다. 정책을 꼼꼼히 살피고 내용을 제대로 알아야 나에게 이로운 결정을 내릴 수 있다.

일례로 지난 문재인 정부에서 실시한 부동산 규제는 엄밀히 말해서 부동산 규제가 아니었다. 규제 대상이 주택으로 한정되었기에 정확하게는 '주택 규제'라는 표현이 맞다. 이렇게 여러 가지 정책으로 주택을 규제했지만, 상가나 건물 등의 비건축물은 규제 대상이 아니었다. 그래서 정부 정책 때문에 주택 투자가 부담스럽거나 투자에 발목이 잡힌 투자자 중에서 비건축 투자로 눈을 돌려서 수익을 만들어낸 투자자들이 있다.

각종 뉴스와 정책을 유심히 살피고 끊임없이 공부하는 습관이 쌓이면 부동산 시장을 바라보는 안목이 넓어지고 부자의 생각을 갖출 수 있다. 아는 만큼 눈에 보이고, 눈에 보이는 만큼 돈이 되는 법이다. 진정한 부동산 투자자는 불리한 상황에서도 기어코 자신에게 유리한 투자법을 찾아내서 실행한다. 결론적으로 부동산 투자는 합법적으로 나에게 도움이 될 투자를 다른 투자자보다 먼저 찾아내는 게임이다.

10
—
늘 그랬듯이
답을 찾아낼 것이다

'투자投資'라는 한자는 '던질 투投'에 '재물 자資' 자로 구성되어 있다. 즉, 돈을 던지는 행위가 곧 투자다. 투자를 하려면 일단 돈이 있어야 한다. 그런데 늘 그렇듯 돈이 문제다. 대부분의 투자자는 의욕은 있어도 돈이 없거나 부족해서 투자를 실천하지 못한다. 내가 하고 싶은 일, 갖고 싶은 것에 비해서 항상 돈이 부족하다. 삶을 살아가면서 자산이 좀 늘어나고 경제적인 여유가 생겼더라도 다들 투자할 자본이 부족하다고 말한다. 그러나 투자는 인간의 숙명이다. 투자는 곧 숙명이라는 비장함과 통찰이 중요하다.

여러분이 일단 투자하기로 결심했다면 저축하고 절약해서 종잣돈을 모으는 일을 멈추면 안 된다. 평범한 월급 생활자라면 사실 몇천만 원 모으는 일도 어렵다. 이렇게 모아서는 수십 년을 저축해도 앞이 깜깜하다. 먼저 이런 시대에 살고 있음을 인식해야 한다. 그리고 현실을 마주하자. 이렇게 현재 나의 상황과 위치를 파악하고 바로 그 자리에서 실천할 수 있는 투자를 하나씩 해나가야 한다.

부동산 구매는 누군가에게는 하나의 염원이고 또 다른 누군가에게는 일생일대의 이벤트다. 상황이 아무리 어려워도 투자 방법은 늘 있다. 그렇다면 내가 할 수 있는 선에서 최선의 투자를 실천하느냐, 마느냐의 문제만 남는다. 필자가 책에서 좀 더 힘주어서 강조한 방법은 경매다. 경매로 우리가 부자가 되는 또 하나의 가능성, 즉 구조를 보여준 것이다. 물론 이 외에도 지방 투자, 소액 투자 등 다양한 부동산 투자 방법을 소개했지만, 사실 정말 하고 싶은 이야기는 따로 있다.

부자가 되려면 주어진 현실에 안주하거나 상황이 안 좋다고 피하지 말고, 부자가 되려고 노력하면서 방법을 찾고 실행하는 것이 중요하다. 이게 필자가 말하고 싶은 핵심이다.

부동산 투자의 취지는 레버리지 활용이다. 이는 남의 돈을 적절하게 활용해서 내 자산을 늘리는 매우 혁신적인 방법이다. 물론 전세 레버리지를 활용하든 은행의 대출을 활용하든, 레버리지 활용에 따른 리스크는 스스로 짊어져야 할 몫이다. 다만 레버리지를 활용하는 투자법은 절대로 이상하고 무모하며 위험한 행위가 아니라는 점을 명심하자.

정말 돈이 없다면 어떻게 해야 할까? 월급으로는 답이 안 보이고 집값은 비현실적으로 해마다 높아진다. 부모에게서 물려받을 재산도 없다면 결국 레버리지 활용을 고려할 수밖에 없다. 다시 말하지만, 젊은 MZ 세대는 고정관념을 버리고 생각을 다시 해야 한다. 전략을 새로 짜야 한다는 이야기다.

"종잣돈이 부족하니 월급을 더 모아야지."
"감당하기 어려운 큰돈이 필요한데, 지금 내 상황에서는 불가능한 일이야."

이런 생각은 구시대적인 생각이고 내 인생에 패배감만 안겨줄 뿐이다. 그리고 실제로 무주택자가 갖는 전형적인 생각이기도 하다. 이제는 돈을 모아서 집을 사겠다는 전략이 통하는 시대가 아니다. 그런 시대는 오래전에 지나갔다. 과거의 전략만 고집하면 집값이 아무리 크게 떨어져도 서울이나 수도권 소재 아파트는 절대로 마련할 수 없다. 그리고 감당하기 어려운 큰돈이 필요한 상황을 마주하면 쉽게 포기하게 된다.

새롭게 바뀐 현실을 인정하고 내 생각부터 바꾸자. 비록 돈이 없더라도 내가 할 수 있는 투자를 실천해서 자산을 조금씩 불려가야 한다. 물론 첫 시작은 어렵다. 그러나 한 걸음만 내디디면 새로운 부의 세상이 눈앞에 펼쳐질 것이다.

자본심資本心

정리하면 자산이 부족한 투자자는 일단 현재 자기 위치에서 해볼 수 있는 현실적인 투자법을 찾아서 실천하며 자산 불리기에 나서야 한다. 부동산 투자는 시간을 먹고 자라기에 하루라도 빨리 부동산 투자의 눈을 뜨는 사람이 승자다. 20대에 집을 마련한 사람과 40대에 집을 산 사람은 굳이 말로 설명하지 않더라도 앞으로의 인생에서 큰 차이가 나타날 수밖에 없다.

지금까지 파트 1, 2를 통해서 부의 마인드를 세팅하고 실제로 부동산에 투자할 때 도움이 되는 몇 가지 기초를 하나씩 살펴봤다. 실전 부동산 투자에 앞서서 이론으로 무장한 것이다.

마지막 파트 3은 실전 부동산 소액 투자 이야기로, 집을 사고 싶은 사람들이 소액으로 투자해볼 수 있도록 각종 분석과 다양한 실전 투자 방법을 공유한다. 계속 강조했다시피 부동산 투자에서는 선입관이나 편견을 내려놓고 시야를 전국으로 넓히는 일이 무척 중요하다. 눈을 돌려서 대한민국을 두루 살펴보면 소액으로도 투자할 만한 곳들이 정말 많다. 평범한 일반인이 경제적 자유를 얻기 위해서는 실전 부동산 소액 투자가 정답이다.

PART 3

SKILL,
실전 부동산
소액 투자가 정답이다

01 부동산 상승론이나 하락론에
— 흔들리지 말자

실제 부동산 투자 이야기를 다루기에 앞서서, 먼저 정리하고 넘어가야 할 것이 있다. 최근 부동산 시장을 바라보는 대중의 생각과 판단에 대한 필자의 견해다. 그간 부동산 투자로 자산을 불려온 투자자 시각에서 말하자면, 2022년부터 부동산 시장에 불거진 하락론은 사실상 의미가 없다고 본다. 시장에서는 늘 부동산 상승론자와 하락론자가 서로 갑론을박하며 자신의 주장이 옳다고 대립해왔다. 그중에서도 2022년 하반기인 지금은 상승론보다 하락론 쪽에 더 무게가 쏠린 상황이다.

다만 조심스럽기는 해도 다년간 부동산에 투자해온 필자가 볼 때는 상승론이니, 하락론이니 하는 논쟁 자체가 무의미하다고 생각한다. 이런 소모적인 논쟁에 휩쓸려 시장의 분위기에 휘둘리지 않아야 한다는 말이다. 필자는 기본적으로 시장의 방향성에 대한 믿음이 있다. 자본주의 시스템이 무너지지 않는 한, 궁극적으로 자산의 가치는 계속 우상향한다는 믿음이다. 믿음이 있다면 부동산 시장이 상승장이든 하락장이든 내 투자관은 흔들리지 않는다.

결국 필자가 말하고자 하는 것은 투자자가 갖추어야 할 자세다. 핵심은 시장의 분위기가 좋든, 안 좋든 간에 어떤 상황에서도 내 투자를 성공으로 이끌어서 돈을 벌어야 한다는 것이다. 이런 자세가 진정으로 부자가 되는 투자자의 자세다. 게다가 실제로도 부동산 시장은 기본적으로 자본주의 시장에 속해 있기에 우상향할 때도 계속 상승세만 타거나 계속 하락세만 타는 일은 없다.

최근의 부동산 시장은 분명 약보합 내지는 하락하는 분위기다. 그 이유로는 최근 몇 년 동안 가파르게 오른 집값에 대한 사람들의 부담이 반영되기도 했을 테고, 2022년 초부터는 전 세계적인 인플레이션, 금리 인상, 우크라이나와 러시아 간 전쟁 이슈가 전 세계 경제에 영향을 미치기도 했다. 이런 상황에서 글로벌 경제에 편입한 우리나라의 부동산 시장도 당연히 예외일 수는 없다.

특히 부동산 시장에서는 금리 인상이 큰 부담으로 작용한다. 대부분의 사람이 집을 마련할 때 대출 레버리지를 활용하기 때문이다. 유동성이 풍부했던 과거에 낮은 금리를 이용해 거의 제로금리로 변동 금리 대출을 활용해서 집을 산 사람들이나 집값이 가파르게 오를 때 '나만 안 사면 바보지'라는 생각으로 무리하게 대출을 끌어다가 집을 산 사람들은 은행 이자에 대한 스트레스가 클 것이다. 특히 시장이 크게 상승하거나 하락하는 분위기에서는 이런 사람들이 더욱더 예민할 수밖에 없다.

그런데 아직 집이 없는 사람들, 혹은 종잣돈에 여유가 좀 있어서 부동산 투자로 자산을 불리려는 사람들이라면 시장의 상승이나 하락 여부와는 상관없이 오직 투자자의 눈으로만 부동산 시장을 바라봐야 한다. 다시 말하지만, 부동산 시장은 항상 변동 없이 계속 상승하거나 계속 하락하지는 않는다. 그러나 투자 기회는 상승장이든 하락장이든 늘 존재한다. 몇 가지 실제 자료로 더 자세하게 분석해보고자 한다. 먼저 서울의 평당 매매가 및 전세가 추이 자료를 통해서 살펴보겠다.

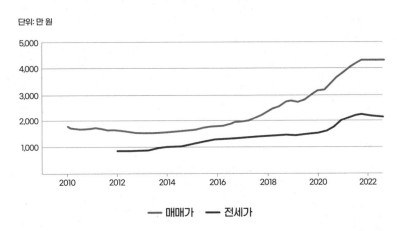

| 서울특별시 평당 매매가 및 전세가 추이(2010~2022년 기준) |

출처: 부동산 지인

이 자료는 2017년부터 2021년까지 가파르게 오르다가 2022년부터는 보합세를 보인 서울의 평당 매매가 및 전세가 추이를 나타낸 그래프다. 자료에서 보이는 것처럼 전반적으로 문재인 정부 시절에 집값이 크게 상승했다. 2017년 이전의 매매가를 보자. 보합을 유지하다가 조금씩 오르는 모습이다. 한편으로는 약보합세를 보이다가 조금 떨어지는 모습도 확인할 수 있다. 그러나 넓은 관점에서 보면 서울의 집값은 단기간에는 조금 내려가더라도 우려할 만큼 크게 내려가지는 않았던 데다가 결국 늘 다시 우상향했다.

그렇다면 서울과 근접한 인천이나 경기도의 집값은 어떨까? 인천부터 살펴보자. 인천의 집값 역시 오랜 시간 가격 보합세를 유지해오다가 2020~2021년에 급격하게 상승했다. 그런데 좀 더 살펴

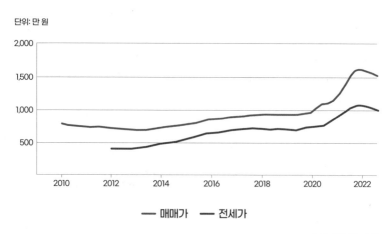

| 인천광역시 평당 매매가 및 전세가 추이(2010~2022년 기준) |

단위: 만 원

— 매매가   — 전세가

출처: 부동산 지인

자본심資本心

보면 인천은 서울과 다른 부분이 있다는 것을 알 수 있다. 바로 인천 부동산 시장의 2022년 하락 폭이 서울보다 크다는 점이다. 또한 급격하게 상승하던 기간에는 2년 동안 워낙 빠르게 올랐다는 점과 오를 때는 서울보다 느리게 오르고 내려갈 때는 서울보다 빨리 내려간다는 사실도 그래프에서 확인할 수 있다. 다음으로 경기도 집값은 어떨까?

경기도 집값은 그래프를 확인해보면 인천과 비슷한 양상을 보인다는 것을 알 수 있다. 즉, 최근 2년간 빠르게 올랐다가 2022년부터는 떨어지고 있다. 하강 곡선은 서울과 비교해보면 좀 더 가파르지만, 인천보다는 완만하다.

이처럼 투자자라면 부동산 시장의 분위기를 뉴스만으로 접하지

| 경기도 평당 매매가 및 전세가 추이(2010~2022년 기준) |

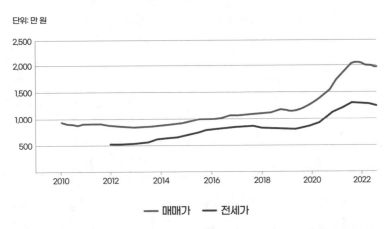

출처: 부동산 지인

말고 정확한 근거를 갖춘 실제 데이터로 직접 확인해야 한다. 책에서는 편의상 '부동산 지인'에서 제공하는 자료만 소개했지만, 아파트 실거래가 정보를 제공하는 '아실 사이트'의 자료도 함께 모니터링하면 좋다.

다만 자료를 확인할 때는 한 가지 유의할 점이 있다. 해당 자료들은 실시간 반영 시각에 차이가 있어서 정확한 현재 시장 상황은 실제보다 조금 늦게 반영된다는 점이다. 이런 점을 염두에 두고 현재 상황을 고려하면 서울의 가격 보합세도 인천과 경기도까지는 아니더라도 그래프에서 나타난 것보다 조금 더 급격하게 꺾일 가능성이 있다. 이런 부분까지 고려할 줄 아는 투자자라면 더할 나위 없는 투자자의 자세를 갖춘 것이다.

한편으로 현재 서울을 비롯한 수도권 부동산 시장의 분위기는 전체적으로 하락하는 상황이다. 시장의 분위기가 좋을 때는 입지가 좋은 서울부터 가격이 오르고 하락장에서는 확실히 입지가 안 좋은 곳부터 빠르게 내려간다는 점도 참고하기를 바란다.

분명한 점은 현재 부동산 시장의 분위기가 전고점 대비 조금씩 꺾이고 있다는 사실이다. 하지만 계속 말한 것처럼 부동산 시장에서 영원한 하락은 없다. 과거에도 보합 또는 약한 하락의 시기가 있었다. 앞의 그래프들에서 나타난 것처럼 2011년 중반부터 3~4년 동안의 시기였다. 당시에도 부동산 투자로는 이제 답이 없다는 이야기가 많았다. 그러나 실제 결과가 어땠는지는 역사가 증명한다.

자본심資本心

역사는 흔히 쓰이는 표현처럼 미래를 비추는 거울이다. 앞으로 전개될 시장의 분위기가 과거와 완전히 동일하지는 않겠지만, 그간의 자료나 흐름을 확인해보면 사람들의 우려처럼 크게 떨어지지는 않을 것이다.

필자가 부동산 상승론을 무조건 지지하거나 거꾸로 하락론을 깎아내리려는 생각에서 말하는 것이 아니니 오해하지 말기를 바란다. 다만 우리가 전반적인 시장의 흐름을 꿰뚫고 있어야만 상승론이나 하락론 이야기에 휘둘리지 않고 냉정한 눈으로 투자 판단을 내릴 수 있기에 이런 이야기를 하는 것이다.

지금은 대부분의 투자자가 겁을 먹고 움직이지 않는 상황이다. 부동산 시장을 오래 겪어온 고수들은 하락장에서도 기회를 만들고 투자에 나서서 성공한다. 그러나 경험이 부족한 초보 부동산 투자자들이 따라 할 일은 아니다. 부동산 투자를 안 해본 사람이라면 하락장에서 집을 사는 것은 어렵다. 그래서 팁을 하나 소개한다. 바로 지속적인 모니터링이다. 기회를 잡는 진짜 투자자라면 시장이 위축된 하락장에서도 꾸준히 모니터링을 해야 한다. 네이버 부동산 사이트에 들어가서 평소 관심을 둔 매물을 꾸준히 지켜보면 적정 매수 타이밍을 찾는 데 큰 도움이 된다.

마지막으로, 시장의 전반적인 분위기가 하락세일지라도 어딘가에는 반드시 투자 기회가 있다는 사실을 명심하자. 2022년 부동산 시장 하락장에서도 특정 지역들은 놀랍게도 가격이 올랐다. 대한민국 전체로 눈을 넓히면 좁은 땅 어딘가에는 우리가 투자할 곳이 있다는 증거다.

시장의 분위기에 따라서 전국의 모든 부동산 가격이 같은 방향으로 움직이지는 않는다. 부동산 투자로 부자가 되려는 사람들은 시야를 넓히고 통찰력을 키워야 한다. 대한민국 어딘가에는 뉴스와 다르게 움직이는 시장이 존재하기 때문이다.

02
—

부동산 실전 투자법 _
데이터 활용

현재 젊은 MZ 세대가 서울에서 내 집을 마련하는 것은 실질적으로 불가능하다. 전용면적 84m² 매물을 기준으로 서울 강남에서 가장 비싼 아파트 가격은 40억 원이 넘고, 웬만한 아파트 가격도 10억 원을 웃돈다. 만약 10억 원짜리 아파트에 전세가가 6억 원인 아파트를 산다면 실제 투자금은 대략 4억 원이 필요하다.

일반적인 직장에 다니는 평범한 MZ 세대의 주머니에 과연 4억 원이라는 돈이 있을까? 상황 파악과 판단은 빠를수록 좋다. 즉, 평범한 직장인이라면 현재 서울에 내 집을 마련할 가능성은 하늘의 별 따기 수준이라고 보면 된다. 그래도 집값이 내려가면 가능하다고 생각할 수도 있겠다. 그러나 앞에서도 계속 말한 것처럼 많이 내려간다 해도 평균 1억~2억 원이다. 즉, 집값이 아무리 내려간다고 해도 우리가 싸다고 체감할 수준까지 내려오지는 않는다.

　다만 그렇다고 내가 나고 자란 서울이나 수도권의 아파트를 포기하기에는 아직 이르다. 실전 부동산 소액 투자는 징검다리 전략이다. 하락 중인 수도권 부동산 시장의 매물을 경매 투자를 활용해서 매입하거나 투자 시야를 전국으로 넓혀서 하나씩 차례대로 징검다리를 밟아서 올라오는 것이다.

　다시 말하지만, 월급을 모아서 집을 사는 것이 불가능하다면 현실적이면서도 가장 빠르고 합리적인 투자 방안을 모색해야 한다. 그게 자본주의 사회에서 살아남고 성공하는 정답이다. 7,000만~8,000만 원, 5,000만 원, 심지어는 3,000만 원만 있다면 부동산 투자를 시작할 수 있다.

　실전 부동산 소액 투자를 시작하려면 일단 소액으로 투자해서 수익이 나는 후보지의 기준을 설정해야 한다. 필자는 지방 아파트 투자의 경우 '인구수 20만 명 내외(혹은 그 이상)의 지방 도시'라는 기준을 세웠다. 뒤에서 좀 더 상세하게 소개하겠지만, 인구수 20만 명 이상의 도시라 해도 저마다 '급지'라는 것이 있다. 급지에 따라서 가격에 거품이 낀 곳도 있고, 상대적으로 저렴한 곳도 있다.

　한편으로 실전 부동산 소액 투자 시에는 기본적으로 몇 가지 툴 tool을 다룰 줄 알아야 한다. 모니터에 몇 개의 창을 열어놓고 원하는 정보를 자유롭게 찾아서 서핑하는 것이다. 과거와 달리 지금은 책상 앞에 앉아서도 전국 각지의 아파트 정보, 공급량 등 유익한 부동산 정보를 직접 실시간으로 확인할 수 있다.

특히 부동산 투자에서는 공급량 공부가 중요하다. 부동산 가격은 결국 공급량(입주량)이 결정한다. 즉, 공급량이야말로 집값을 결정하는 주요 요인이다. 과거에는 일반인이 이런 자료를 직접 찾아보기가 어려웠지만, 요즘은 누구나 이런 자료에 쉽게 접근할 수 있어서 부동산에 투자할 때 큰 도움을 받을 수 있다. 전국 아파트 가격의 동향과 공급량을 아는 것과 모르고 투자하는 것은 천지 차이의 결과를 낸다. 초보 부동산 투자자에게 도움이 될 만한 대표적인 사이트와 몇 가지 툴을 다음의 표로 정리했다.

| 부동산 투자 시 활용할 만한 사이트 |

사이트 주소 정리	
☐	네이버 부동산land.naver.com
☐	부동산 지인aptgin.com
☐	아실asil.kr
☐	카카오맵map.kakao.com
☐	네이버 지도map.naver.com
☐	호갱노노hogangnono.com
☐	옥션원auction1.co.kr
☐	직방zigbang.com
☐	KB부동산kbland.kr

그리고 실전 부동산 소액 투자는 투자 경험을 쌓는 데도 효과적이다. 경험이 일천한 투자자라면 첫 투자부터 잘할 수는 없다. 벌벌 떨며 중개업소에 방문해서 우여곡절 끝에 계약서에 도장을 찍으면서도 '이게 맞나?'라고 생각하며 불안해할 것이다. 그러나 초보 시절을 경험하지 않은 고수는 세상에 없다. 누구나 숙명적으로 초보 시절을 거쳐야만 경험을 쌓아서 베테랑이 될 수 있다. 부동산투자 고수라는 것은 대단한 것이 아니다. 자신이 예측한 대로 시장이 흘러가느냐, 그리고 변수나 변칙 상황이 생겼을 때 얼마나 빠르게 대응하느냐의 차이가 고수와 초보를 가른다. 이런 차이는 오직경험으로 만들어진다.

그래서 부동산 투자에서는 첫 투자가 중요하고, 첫 투자로 수많은 실전 경험을 얻을 수 있다. 부동산에서 매매 임대인이나 매수인이 되어서 거래해보는 과정을 하루라도 젊을 때 해볼수록 인생의 승자가 된다. 계약서를 쓰고, 상대방의 계좌로 계약금을 보내고, 실제 계약 날짜에 부동산 중개업소에 방문해서 매도인과 만나서 잔금을 치르고, 마침내 등기권리증을 받는 1건의 매매 경험은 어떤 이론과도 바꾸지 못할 정도로 피가 되고 살이 되는 성공의 밑거름이다. 부동산 책을 100권 이상 읽었더라도 투자를 안 해본 사람은 매매를 한 번이라도 해본 경험자를 절대 당해낼 수 없다. 실전이 중요한 이유다.

이번 챕터의 내용을 요약하면 다음과 같다.

자본심資本心

"실전 부동산 소액 투자는 서울에 입성하기 힘든 평범한 일반인들이 차근차근 자산을 불려가는 징검다리 전략이다. 월급 저축이나 주식 투자보다 현실적으로 빠르고 크게 돈을 불릴 수 있다. 이 투자의 목표는 궁극적으로 서울 상급지 아파트 보유자, 더 나아가 건물주의 단계까지 가는 것이라는 점을 명심하자."

"실전 부동산 소액 투자는 부동산 투자 시야를 전국으로 넓히고 다양한 방법으로 투자하는 것이다. 소액의 기준은 1억 원 이하의 종잣돈을 말한다."

"실전 부동산 소액 투자 시 정보를 검색하고 자료를 모으는 데 유용한 몇 가지 툴을 능숙하게 다룰 수 있다면 큰 도움이 된다. 필자가 소개한 사이트, 툴을 시간이 날 때마다 사용하고 공부해서 하루라도 빨리 익숙해지는 것이 좋다."

살아 숨 쉬는 투자 정보는
부동산 중개업소에서 나온다

부동산 공부와 투자는 수영이나 자전거를 배우는 일에 비유할 수 있다. 이론은 실전을 당해낼 수 없다. 수영을 배우려면 물에 몸을 담그는 일부터 시작해야 한다. 자전거를 타려면 일단 안장 위에 엉덩이를 걸쳐야 한다. 즉, 아무리 이론 공부를 많이 하고 투자 강의를 열심히 들어도 한 번의 매수 경험만 못 하다.

경험은 실천에서 나온다. 우선 관심 지역의 부동산 중개업소를 방문해보면 큰 도움이 된다. 중개업소에 들러서 내 투자금으로 거래할 수 있는 매물을 확인하고 상담해보자. 부동산 중개인은 주변 지역의 호재, 재개발이나 재건축 예정지, 교통 인프라, 학교 등의 관련 정보를 친절하게 알려줄 것이다. 그들은 상담의 성공이 곧 자

자본심資本心

기 수입으로 직결되기 때문이다.

결국 시간이 날 때마다 부동산 중개업소에 들어가서 커피라도 한 잔 마시며 중개인과 친숙해질수록 나도 모르게 투자 관련 지식을 쌓는 것이다. 중개인과 친해지면 일반인이 모르는 해당 지역의 고급 정보를 얻을 수 있다. 아니면 우연히 내 예산에 맞으면서도 투자 가치가 큰 매물을 소개받을 수도 있다. 물론 실제 투자 과정에서 매도인과 가격을 두고 밀당(밀고 당기기)을 벌이거나 집주인의 마음이 바뀌어 가격이 올라가는 일을 겪을 수도 있다. 그러나 어쨌든 이런 일들은 강의로는 절대 배울 수 없다. 발로 뛰며 현장에 직접 나가서 부딪혀야만 얻을 수 있는 경험들이다.

필자 역시 관심 지역으로 임장을 가면 해당 지역의 부동산 중개업소를 자주 방문한다. 옷을 잘 차려입고 가는 것도 하나의 팁이다. 일면식도 없지만, 중개인과 마주 앉아서 이런저런 대화를 나누며 쏠쏠한 정보를 얻는다.

아무리 부동산 공부를 많이 하고 각종 뉴스를 뒤져도 전국 방방곡곡의 부동산 사정을 모두 알 수는 없다. 살아 숨 쉬는 투자 정보를 얻고 싶다면 부동산 중개인과 친해져라. 중개인들은 손님을 절대로 귀찮아하지 않는다. 그들에게는 방문하는 모든 사람이 잠재 고객이다. 그러니 부동산 투자자라면 수시로 내 집 드나들 듯이 부동산 중개업소에 방문하면 좋다. 중개업소 방문이 얼마나 대단한 일인가 싶겠지만, 이는 부동산 투자에서 빠트릴 수 없는 중요한 일

| 초보 부동산 투자자를 위한 부동산 중개업소 방문 팁 |

사항 정리
☐   남자 사장님보다는 여자 사장님이나 여자 실장님이 있는 곳으로 가라.
☐   방문 시에는 어물쩍거리며 서 있지 말고 의자에 앉아라. 서서 묻는 것과 의자에 앉아서 이야기를 나누는 것은 대화의 차원이 다르다.
☐   중개인들도 사람이라 남자 2명이 방문하면 경계심을 갖는다. 남녀 또는 그냥 남자 혼자 방문하는 편이 낫다.
☐   중개인들은 실수요자를 반긴다. 이왕이면 실수요자 입장으로 임하자. 실수요자 입장에서 물으면 좋은 브리핑을 들을 수 있다.
⇒ 부동산 중개인과 친밀도를 쌓는 것은 곧 투자 이익으로 직결된다.

이다. 추가로 부동산 중개업소에 방문할 때 알아두면 좋은 팁을 표로 정리했다.

자본심資本心

03
——

부동산 실전 투자법 _
랜드마크 모니터링

랜드마크$^{land\ mark}$는 어떤 지역의 상징이다. 대표성을 지닌 상징물이니 서울의 거대한 건축물을 기준으로 예를 들면, 서울 한복판에 자리한 남산서울타워나 경기도에서도 눈으로 보이는 롯데월드타워가 서울의 대표적인 랜드마크다.

부동산 시장에서도 지역별로 랜드마크 역할을 하는 아파트가 있다. 서울의 경우 강북에 14개 구, 강남에 11개 구가 있는데, 구마다 지역을 상징하는 '랜드마크 아파트'가 있다. 호가^{呼價} 및 실거래가를 기준으로 삼아서 몇 가지 랜드마크 아파트를 소개한다. 참고로 랜드마크 아파트는 해당 지역 부동산 시장의 가격을 선도하기에 다른 말로는 '리딩 아파트' '대장 아파트'라고도 부른다. 이 개념은 자주 쓰이는 편이라 알아두면 도움이 될 것이다.

| 서울특별시 구별 랜드마크 아파트(2022년 기준) |

	위치 및 아파트명
강남	압구정 현대, 래미안대치팰리스
서초	아크로리버파크, 반포자이, 래미안퍼스티지
송파	엘스, 리센츠, 트리지움

출처: KB부동산

지방도 마찬가지로 당연히 랜드마크 아파트가 있다. 초보 부동산 투자자라면 지금 당장은 이런 아파트에 투자할 수는 없어도 각 지역의 부동산 시장을 대표하는 랜드마크 아파트를 꾸준히 살피는 것만으로도 투자 시에 분명 큰 도움이 된다.

게다가 이처럼 투자 시야를 전국으로 넓히면 부동산 시장이 한 방향으로만 흐르지 않는다는 사실도 깨달을 수 있다. 엉뚱한 소문이나 자극적인 뉴스에 휘둘리지 않고 나만의 확고한 믿음이 생기는 것이다. 그리고 무엇보다 주기적인 모니터링을 통해서 평소의 가격 정보를 알고 있다면 현재 해당 부동산 매물 가격이 거품이 낀 것인지, 아니면 저평가된 것인지 등을 쉽게 알 수 있다. 투자 혜안은 이런 작업을 통해서 만들어진다.

필자 역시 시장의 분위기를 파악할 겸 지역별 랜드마크 아파트 가격을 틈틈이 살핀다. 그러면 자연스럽게 머릿속에서 도시별로 가격 비교가 이루어지고 이를 통해서 해당 도시의 부동산 시장을 객관적으로 평가할 수 있다.

자본심資本心

이 과정에 익숙해지면 실전 부동산 소액 투자에 적합한 기준인 인구 20만 명 내외의 지방 도시로 모니터링을 확대해보자. 평소에 가보지 못한 지역일지라도 랜드마크 아파트 모니터링으로 투자 대상 도시와 친밀해지는 경험을 해볼 수 있다. 가격을 검색하고 지도와 사진으로 매물 위치, 인접 지역을 자꾸 들여다보면서 나도 모르는 사이에 해당 지역 부동산과 친밀해진다.

처음에는 여러분이 사는 지역과 가까운 랜드마크 아파트부터 시작하자. 그리고 서울 25개 구, 전국 광역 도시, 인구수 20만 명 내외의 지방 도시순으로 랜드마크 아파트 모니터링을 확대하자. 향후 내가 살 집을 구하거나 투자 대상으로 집을 마련할 때 정확하고 객관적인 가격 판단을 할 수 있다.

04
—
부동산 실전 투자법 _ 리스크 최소화 기준 설정

실전 부동산 소액 투자는 소액 투자금을 목돈으로 불리기 위해서 치고 빠지는 징검다리 전략을 쓴다. 기본적으로 1채의 매물을 보유했다 옮기는 기간은 대략 2년 단위다. 그런데 2년을 내다보고 심사숙고해서 어떤 지역에 투자했는데 기대만큼 가격이 오르지 않거나 흥정은커녕 집을 보러 오는 사람조차 없다면 큰 낭패다.

이런 리스크를 최소화하기 위해서는 두 가지의 명확한 기준이 필요하다. 바로 입주량과 인구수다. 쉽게 말해서 입주량은 공급량이고 인구수는 수요량을 의미한다. 공급이 많으면 가격이 내려가고 수요가 더 많으면 가격이 오른다. 누구나 아는 기초적인 경제 원리다. 부동산 시장 역시 철저히 이런 수요와 공급 법칙에 따라서 움직인다.

자본심資本心

수요량과 비슷한 수준의 입주량은 '적정 입주량'이라고 표현할 수 있다. 특정 도시의 적정 입주량(수요량)을 계산하는 공식이 있다. 해당 도시의 인구수에 '0.5%'를 곱하는 것이다. 이렇게 하면 절대적인 수치는 아니지만, 대략 적정 입주량을 알 수 있다.

인구수×0.5%=적정 입주량(수요량)

예컨대 서울의 인구가 약 1,000만 명일 때 이 공식을 적용해보면 매해 적정 입주량은 약 5만 세대라는 것을 알 수 있다. 이 계산식을 외워두면 부동산 투자 시에 투자 대상을 파악하고 고를 때 많은 도움이 된다. 충청북도 청주의 입주량 및 수요량, 매매가 및 전세가를 다룬 다음의 자료를 통해서 더 자세히 살펴보고자 한다.

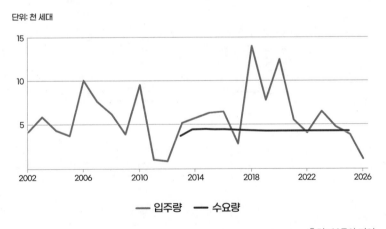

| 충청북도 청주시 입주량 및 수요량 추이(2002~2026년 기준) |

단위: 천 세대

── 입주량 ── 수요량

출처: 부동산 지인

입주량 및 수요량을 먼저 살펴보자. 범례에 표기된 대로 검은색 선은 수요량을 의미하고 붉은색 선은 입주량을 의미한다. 검은색 선을 기준으로 붉은색 선이 위로 넘어가면 공급량 초과, 아래로 내려오면 공급량 부족을 의미한다. 수요와 공급 법칙을 토대로 앞으로 청주의 부동산 가격 추이를 대략적으로 예측할 수 있다. 즉, 직관적으로 입주량이 많은 해에는 해당 지역의 부동산 가격이 하락 내지는 약보합을 보일 테고, 입주량이 적으면 가격이 오를 거라고 예상할 수 있다. 물론 절대적인 기준은 아니고 예측이라는 점을 명심하자. 그럼 실제 청주시 평당 매매가 및 전세가 추이 자료를 통해서 이런 예측이 맞았는지를 확인해보자.

그래프를 보면 청주시 기간별 입주량 및 수요량 추이와 청주시

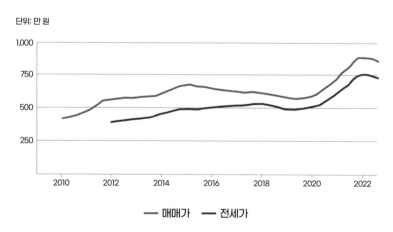

| 충청북도 청주시 평당 매매가 및 전세가 추이(2010~2022년 기준) |

단위: 만 원

출처: 부동산 지인

자본심資本心

평당 매매가 및 전세가 추이가 거의 일치한다는 것을 알 수 있다. 결국 공급이 많으면 가격이 안정되고, 공급이 줄어들면 가격이 상승한다.

사례로 든 청주시뿐만 아니라 전국의 부동산 시장 상황도 이와 거의 일치한다. 재차 강조하지만, 전국의 아파트 가격은 모두 동일한 방향으로 일사불란하게 움직이지 않는다. 그보다는 해당 지역의 수요와 공급에 따라서 가격이 변동한다.

어떤 일이든 리스크는 최대한 피하고 싶은 것이 인간의 심리다. 리스크를 최소화하기 위해서는 각종 자료를 명확하게 분석해서 나만의 투자 기준을 세워야 한다. 실전 부동산 소액 투자에서 리스크를 최소화하는 첫 번째 핵심 비결은 입주량과 인구수 파악이다. 대한민국에 수많은 지방 도시가 있지만, 인구수 20만 명이 채 안 되는 곳에는 투자하지 않는 것도 리스크를 최대한 낮추기 위함이다. 그러니까 결국 수요를 염두에 둔 결정이다.

예컨대 강원도만 해도 삼척, 태백, 동해 등 여러 도시가 있지만, 초보 부동산 투자자라면 현재로서는 인구수 20만 명 이상인 춘천, 원주, 강릉만을 투자 대상으로 삼아야 한다. 나머지 소도시는 기준을 맞추지 못했으므로 투자 대상에서 제외하는 것이 투자 리스크를 줄이는 길이다.

참고로, 부동산 투자 경험이 꽤 있는 투자자라면 인구수 기준을 낮추어서 10만 명 내외의 지방 도시를 투자처로 삼을 수도 있다. 수요가 다소 부족하더라도 그런 곳은 가격이 저평가된 곳들이 더러 있기에 투자처로서 충분한 매력이 있다. 게다가 풍선 효과로 인해 어느 한 지역의 부동산 가격이 오르면 주변 지역으로 그 오름세가 점점 확대된다. 이 현상을 고려해 이미 가격이 크게 올라 숨 고르기 중인 인구수 20만 명 내외의 지방 도시가 있다면 해당 도시 주변에 있는 인구수 10만 명 내외의 도시로 투자 시야를 넓히는 것도 한 가지 방법이다.

물론 해당 방법은 '인구수 20만 명 내외'라는 기준으로 투자하는 것보다는 리스크가 있으므로 초보 부동산 투자자에게는 그다지 권하지 않는다. 하지만 다양한 경험을 갖춘 투자자에게는 충분히 매력적인 부동산 소액 투자법이 될 수 있다.

결론적으로 초보 부동산 투자자가 실전 부동산 소액 투자를 위해 지방 도시에 투자할 때는 본인만의 기준을 명확하게 세워서 리스크를 최소화하고 단계적인 수익을 노려야 한다. 필자는 그 기준으로 입주량과 인구수를 꼽는다.

자본심資本心

부자가 되려면
망설이지 말고 저질러라

정말 부자가 되려면 공부도 공부지만, 감정과 생각도 훈련이 되어야 한다. 트레이닝을 통해서 흔들리지 않는 부자의 마인드를 갖추는 것이다. 거기에 더해서 용기도 필요하다. 용기란 실전에서 매매할 수 있는 용기를 의미한다.

겁쟁이는 부자가 될 수 없다. 부동산을 산다는 행위는 큰 결정이라 대부분의 평범한 사람은 결정을 미루기를 원한다. 이 말은 다시 말하자면 겁쟁이라서 저지르지 못하는 것이다. 그런데 투자하지 않고 매매하지 않으면 인생이 바뀔 수 없다. 부자는 남들보다 한발 앞서서 저지르는 사람이다. 과감하게, 제대로 저지르는 사람이다. 물론 그렇기에 항상 위험에 노출될 수 있다. 하지만 저질러야 내 인생을 바꾸는 힘이 생기고 인생이 역전된다.

그러니까 망설이지 말고 저질러라. 의사결정을 뒤로 미루지 말고, 먼저 저지르고 수습하자. 저지르지 않으면 수습할 일도 안 생긴다. 인생에서 의사결정의 무게중심을 저지르는 쪽에 두자.

필자는 의식적으로든, 무의식적으로든 '일단 해보자!'라는 스타일이다. 이런 생각과 실천으로 내 운명을 바꾸어왔다. 여러분 역시 평상시에도 늘 먹는 음식만 먹고, 가던 곳에만 가고, 하던 것만 하는 습관을 버리고 새로운 것에 거리낌 없이 나를 노출시키자.

인생은 베팅이다. 평소 베팅을 해보지 않은 사람이 오늘 갑자기 베팅을 잘할 수는 없다. 베팅의 성공 확률을 높이려면 평소 내 삶의 태도, 인생을 대하는 방식부터 바꾸어야 한다. 일상에서 소소하더라도 새로운 것을 저질러보는 습관을 기르자. 인생은 별것 아니다. 이런 습관이 결국 부자가 될 수 있도록 용기를 키워준다.

05 ─ 부동산 실전 투자법 _ 3,000만 원으로 시작하라

기본적으로 투자는 자본이 있어야 참여할 수 있는 게임이다. 그래서 초기 투자금이 없다면 먼저 악착같이 돈부터 모아야 한다. 유명한 주식 격언 중에 "달걀을 한 바구니에 담지 마라"라는 격언이 있다. 바구니에 담을 달걀이 자금이라면, 일단 몇 개의 달걀이라도 있어야 한 바구니에 담을지, 아니면 여러 바구니에 나누어 담을지 결정할 수 있다. 즉, 일단 투자금이 있어야 투자 전략과 방법을 공부하는 의미도 생겨난다.

서울 아파트 중윗값 평균이 약 11억 원이라는 현실은 젊은 MZ세대가 한 번에 뛰어넘기 힘든 거대한 장벽을 만들어냈다. 이런 상황에서 필자는 뜬구름 잡는 식의 이야기를 하고 싶지 않다. 진솔한 마음으로 여러분이 서울의 집을 사는 방법을 알려드리고 필자의 전략을 함께 공유하고 싶다. 바로 투자금을 조금씩 불려가며 서울 입성을 도모하는 전략이다.

그렇다면 실전 부동산 소액 투자자에게 필요한 최소 투자금은 얼마일까? 필자는 최소 투자금으로 3,000만 원이라는 금액을 제시한다. 물론 3,000만 원은 상징적인 숫자다. 그만큼 적은 돈으로도 시작할 수 있다는 것이다.

전국을 살펴보면 3,000만 원 이하로도 아파트를 살 수는 있다. 그래서 최소 투자금을 3,000만 원으로 설정했다. 만약 여러분에게 5,000만 원, 7,000만 원, 좀 더 많게는 1억 원이라는 투자금이 있다면 충분히 저평가된 매물, 앞으로 가격 상승 여지가 있는 매물을 잘 골라서 투자할 수 있다. 시야를 전국으로 넓히면 정말 많은 매물을 찾을 수 있다.

어쨌거나 그래도 3,000만 원이라면 지방 도시의 작은 아파트 1채는 살 수 있다. 직장에 다니며 20대 후반이나 30세가 되었는데도 3,000만 원이 없다면 먼저 반성부터 하자. 투자금 3,000만 원은 결코 적은 돈이 아니지만, 그렇다고 절대로 모을 수 없는 환상 속의 돈도 아니다. 5~6년 동안 직장 생활을 한 사람이라면 최소 3,000만 원은 모았을 것이다. 이 금액으로 부동산 투자를 시작해보자.

한편으로 오프라인 정규 강의나 유튜브 영상에서도 종종 이야기했던 것처럼 부동산 투자는 투트랙two track 시각으로 접근해야 좋

자본심資本心

다. 첫 번째 시각은 서울 부동산 시장 현황을 꾸준히 살피는 일이다. 어떤 부동산 정책이 나오는지 관심 있게 지켜보고, 관심 지역의 아파트를 방문해서 정보를 꼼꼼히 챙기는 일도 병행해야 한다. 이는 무의미한 일이 아니다. 솔직히 여러분이 사고 싶은 집은 서울의 아파트일 텐데, 지금은 입성이 불가능하다 해도 머지않은 미래에 내가 원하는 곳의 집을 사겠다는 믿음을 새기는 행위는 그 자체로 의미가 크다. 여유로운 마음으로 미리 공부해두면 절대로 손해볼 일은 없다.

두 번째 시각은 지금 투자할 수 있는 물건 그 자체에 집중하는 것이다. 실전 부동산 소액 투자로 돈을 불려가는 징검다리 전략이다. 투자 대상지역에서 대출 등의 규제가 풀리거나 묶이는지, 매매가와 전세가의 갭 흐름에 어떤 변화가 있는지 살피는 일도 중요하다. 파트 2에서 다룬 것처럼 레버리지야말로 부동산 투자의 본질이라 할 수 있기 때문이다. 집을 살 때 활용하는 레버리지는 크게 두 종류로 구분할 수 있다.

① 은행의 대출을 받아서 산다.
② 대한민국에만 있는 제도인 전세를 끼고서 산다(갭투자).

참고로 갭투자 이야기를 추가로 설명하고자 한다. 갭투자를 할 때는 매매가와 전세가의 갭이 적을수록 투자금이 적게 든다. 거꾸로 갭이 클수록 투자금이 많이 들어간다. 당연한 상식이다. 이런 매매가와 전세가 사이의 갭은 시장의 상황과 분위기, 그리고 공급 여부에 따라서 시시각각 변한다.

현명한 투자자라면 당연히 갭이 붙는 시기, 즉 갭이 줄어들어서 투자금이 적게 드는 시기를 노려야 한다. 결국 투자금 3,000만 원으로 지방 도시 아파트를 산다는 것은 이런 갭의 흐름을 면밀하게 분석해서 하는 투자이기도 하다.

'현재 월급이 세후 250만~300만 원인데, 서울의 10억 원짜리 집을 어떻게 사?'

이런 생각을 하는 초보 부동산 투자자라면 생각을 바꾸자. 과거의 고정관념에만 파묻힌 채로 개미처럼 일해서 저축만 해서는 집을 사기 어렵다. 물론 저축은 자산을 축적하는 좋은 전략이지만, 투자 관점에서는 과거의 케케묵은 전략에 불과하다. 서울 아파트는 평범한 직장인이 저축만으로는 절대 살 수 없다. 3,000만 원이 있다면 지방 도시의 아파트에 투자라도 해야 자산이 늘어나고 내 희망이 현실로 바뀐다.

실전 부동산 소액 투자 프로젝트를 시작하기로 마음먹었다면 해당 지역에서 대출이 얼마나 나오고, 전세가율이 얼마이며, 갭의 흐름은 어떤지 등을 두루 살피고 이를 바탕으로 투자 시뮬레이션을 해보자. 그리고 적당한 매물이 눈에 띄면 과감하게 투자하자.

자본심資本心

지금까지 실전 부동산 소액 투자를 하기 위한 기본 사항을 모두 알려드렸다. 이제부터 실전 투자 지역 및 투자 방법을 하나씩 살펴보고자 한다. 다음 내용에 들어가기 전에 여러분이 하나 유념해야 할 것이 있다. 부동산 시장은 항상 시시각각 변화한다는 점이다.

지금 당장 물고기를 얻는 것보다는 낚시하는 법을 배워야 진정으로 내가 원하는 물고기를 평생 낚을 수 있다. 필자의 이야기를 낚시법으로 삼고 잘 배워두었다가 향후 물이 있는 곳에 가서 낚싯대를 드리우고 나만의 대어^{大魚}를 잡자.

좋은 입지를 구성하는
몇 가지 조건

어떤 물건을 살 때 오직 수중에 있는 금액에만 맞추어서 물건을 사려고 하면 낭패를 볼 수도 있다. 부동산 투자도 마찬가지다. 투자금 3,000만 원, 5,000만 원, 1억 원이라는 보유 금액을 기준으로 삼는 것도 당연히 중요하지만, 특히 집을 살 때는 보유한 투자금 외에도 꼼꼼히 따져봐야 할 조건들이 있다. 자산이 차고 넘쳐서 아무 집이나 사도 상관없는 사람이 아니라면, 필자가 말하는 다음의 내용을 꼭 기억하기를 바란다.

바로 입지에 대한 정보다. 여러분이 투자한 매물에 향후 직접 거주하든, 아니면 전세를 주고 세를 놓든 간에 공통으로 고려해야 할 좋은 입지의 조건은 다음의 다섯 가지다. 우선순위대로 정리했으

자본심資本心

니 부동산 투자 시에 참고하기 바란다.

1) 일자리

자본주의 시대를 살아가는 대부분의 사람은 일을 해야 한다. 다들 돈을 벌어서 생계를 유지하고 자신만의 행복을 추구한다. 즉, 돈벌이가 기본인 시대다. 그래서 부동산에 투자할 때는 해당 매물의 직주근접성職住近接性을 중요하게 고려해야 한다.

거주하는 집과 직장이 가까울수록 입지가 좋은 부동산이다. 또한 좋은 일자리가 풍부한 지역일수록 수요 역시 많다는 것은 기본 상식이다.

2) 교통

만약 거주하는 집과 직장 사이에 거리가 좀 있다면 교통이 좋아야 한다. 서울을 예로 들면 좋은 직장이 몰려 있는 강남, 여의도, 종로까지 얼마나 빠르게 갈 수 있느냐가 집값의 서열화를 만들어낸다. 거미줄처럼 촘촘한 서울 시내 전철을 한 번도 갈아타지 않고 집에서 40~50분 안에 직장에 닿는 교통 인프라를 갖춘 곳이 좋은 입지의 두 번째 조건이다.

3) 학군

부동산에 투자할 때는 자녀에게 직접적인 영향을 주는 학군도 고려해야 한다. 자녀의 좋은 학군을 위해서 직주근접성을 우선순위에서 뒤로 미루는 사람들도 있을 정도다. 산업화 시대에 진입한 후로 가장 빠른 속도록 발전해 세계 10위권 국가에 진입한 대한민국의 기초는 교육이었다. 이런 교육의 중요성은 앞으로 더욱더 강조될 것이다. 즉, 사람들은 명문 중고등학교, 학원 등이 밀집한 지역을 거주 지역으로 선호하기 마련이다. 좋은 입지의 세 번째 조건은 학군이다.

4) 인프라

아무리 잘 지어진 신축 아파트라도 주변의 인프라가 아무것도 없으면 당연히 거주지로서의 매력이 떨어진다. 인간이 누리는 삶의 질이나 만족은 '소비' 행위에서 나올 때가 많기 때문이다. 한적한 전원주택 생활을 꿈꾸며 시골로 내려갔다가 편의시설의 부재를 견디지 못하고 다시 도심으로 돌아오는 사람들도 있을 정도다. 결국 좋은 입지 조건을 따질 때는 삶을 누리고 즐기는 데 용이한 편의시설 인프라의 유무도 고려 대상이다.

5) 자연환경

인간의 욕심은 끝이 없다. 앞에서 말한 네 가지 조건을 다 갖추었더라도 사람들은 주거지를 고려할 때 보통 강이나 호수, 푸른 산 등 자연을 조망하는 입지까지 고려한다. 서울 강북구의 14개 구 가운데서도 '마포구' '용산구' '성동구' '광진구'의 부동산 가격이 타 지역보다 비싼 이유도 한강이라는 자연환경 덕분이다. 삶에 특별한 가

자본심資本心

치를 제공하는 자연환경이 있는 것이 좋은 입지의 다섯 번째 조건
이다.

06 ─ 투자 지역별 및 방법별 실전 부동산 투자

이번 챕터에서는 각종 실전 부동산 투자 사례를 설명할 예정이다. 계속 이야기한 것처럼 성공적인 부동산 투자를 위해서는 투자 시야를 전국으로 넓히고 상황에 맞추어서 다양한 부동산 투자법을 적극적으로 활용해야 한다.

1) 수도권 경매 실전 투자 따라 하기

'지역별 실전 부동산 투자'의 첫 번째 지역으로 수도권을 먼저 다루고자 한다. '수도권'이라 함은 대개 서울, 경기, 인천을 일컫는다. 다만 이 중에서도 서울 소재의 아파트는 주로 '서울 아파트'라고 별도로 표현하기에 "수도권 아파트에 투자했다"라는 말의 의미는 경기도나 인천에 투자했다는 의미로 이해하면 될 것이다.

앞에서 실전 부동산 투자자라면 보유한 투자금에 맞춰서 투자 시야를 전국으로 넓혀야 한다고 했다. 즉, 서울 및 수도권 부동산은 가격대가 높기에 일반적인 부동산 투자 방법으로는 접근하기 어렵다. 그러나 부동산 투자 방법은 일반 매매만 있는 것이 아니라 상당히 다양하다. 특히 앞에서 다룬 경매 전략을 적극적으로 활용한다면 수도권에도 아직 도전해볼 만한 지역이 많다.

다시 강조하지만, 경매는 절대 어려운 투자 방법이 아니다. 그리고 필자의 견해 역시 실전 부동산 투자자라면 무조건 지방 아파트에만 투자해야 한다는 이야기가 아니다. 주식이든, 코인이든, 부동산이든 최대한의 효율을 볼 수 있는 투자 자산이라면 어느 것이든 적절하게 투자해서 부자의 길로 걸어가자는 것이 필자의 생각이고 이 책의 요지다. 다만 그중에서도 현재 대한민국에서는 부동산 투자의 효율이 가장 높기에 이 방법을 권하는 것이다.

투자 대상지역 또한 상관없다. 무조건 지방 아파트만이 정답이 아니다. 투자 시야를 지방이 아니라 전국으로 넓혀야 한다는 것도 그런 이유에서다. 경매 방법을 활용하면 수도권에도 충분한 기회가 많다는 것을 말하고자 이번 챕터에서는 수도권과 지방의 사례를 모두 다루고, 투자 방법 또한 여러 가지를 다양하게 소개할 예정이다. 가장 먼저 수도권 부동산 투자와 경매 투자법을 이야기하고자 한다. 수도권 투자 후보지 지도를 살펴보는 것으로 이번 챕터를 시작하겠다.

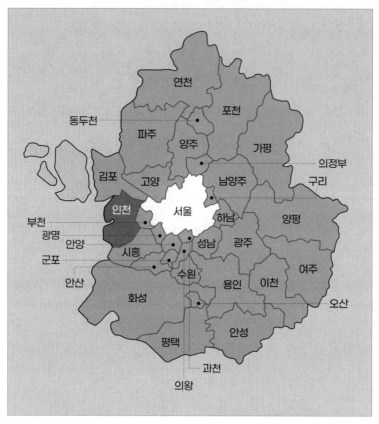

출처: 어반브러시urbanbrush.net

　수도권의 첫 번째 지역은 경기도다. 경기도는 서울을 둘러싼 총 28개의 시와 3개 군으로 이루어져 있다. 그래서 경기도의 부동산 중에서도 토지가 아니라 아파트에 투자하기로 결정했다면 28개 시를 투자처로 보면 된다. 먼저 다음의 자료를 통해서 경기도 부동산 평당 매매가 및 전세가 추이를 살펴보자.

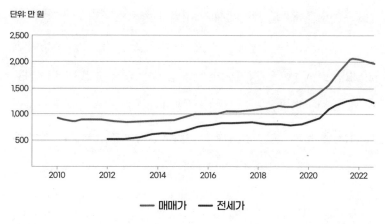

| 경기도 평당 매매가 및 전세가 추이(2010~2022년 기준) |

단위: 만 원

출처: 부동산 지인

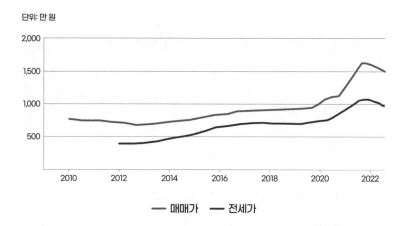

| 인천광역시 평당 매매가 및 전세가 추이(2010~2022년 기준) |

단위: 만 원

출처: 부동산 지인

또한 함께 수도권으로 묶이는 인천의 부동산 평당 매매가 및 전세가 추이 그래프도 제시해서 두 지역을 비교 분석하고자 한다.

두 그래프에서 가장 먼저 주목해야 할 곳은 2022년 부분이다. 2022년을 기준으로 경기도와 인천 등 수도권 아파트 시세는 자료에서 보듯이 조정을 받아서 하락세를 나타내고 있다. 특히 수도권에서도 상대적으로 선호도가 밀리는 인천 지역은 부동산 가격 하락 폭이 경기도보다 좀 더 가파르다.

수도권 지역에 투자하기로 결심한 부동산 투자자라면 이런 시장 흐름에서는 섣불리 일반 매매로 매수하는 것보다는 경매 투자법을 적극적으로 활용하는 것이 좋다. 필자 역시 이런 시기에는 부동산 경매를 최대한 활용한다. 현행 정책상 다주택자는 취득세 중과로 인해 아파트 신규 투자가 장벽에 가로막혀 있다는 사실이 아쉬울 뿐이다. 만약 취득세 중과 규제가 없었다면 현재 필자도 적극적으로 아파트 경매 투자를 하고 있었을 것이므로 이렇게 책을 쓰는 시간이 없었을지도 모른다.

올바른 투자자라면 항상 상황에 맞추어서 능동적으로 대처하고 어디에서든지 활로를 찾아내야 한다. 요즘 필자는 최근의 부동산 시장에 맞추어 수강생들에게 적극적으로 경매 투자 교육을 하며 입찰을 권한다. 부동산 경매 투자 방법으로 활로를 찾은 것이다.

여러분에게도 도움이 될 수 있도록 사례를 하나 소개하고자 한

자본심資本心

ⓘ 물건내역								
물건번호	1	› 물건상세조회 › 매각기일공고 › 매각물건명세서	물건용도	아파트	감정평가액	821,000,000원		
목록1		인천광역시 부평구 길주남로10번길 21, ▪▐ ▪ ▐ ▀▪ (부평동,라미안부평) 🖼			목록구분	집합건물	비고	미종국
물건상태		매각준비 → 매각공고 → 매각 → **매각허가결정**						
기일정보					최근입찰결과	2022.08.23 매각(589,999,000원) 2022.08.30 최고가매각허가결정		

🖼 : 등기기록 열람

출처: 대한민국 법원 법원경매정보

다. 위의 사례는 필자의 수강생이 최근 경매 투자로 낙찰받은 실제 매물 사례다.

해당 매물은 인천 소재의 부동산으로, 수강생은 $84m^2$(32평형) 아파트, 이른바 '국민 평형' 아파트를 약 5억 8,900만 원에 낙찰받았다. 네이버 부동산 자료에 따르면 현재 해당 평형의 다른 매물은 가격이 8억 원대에 달하며, 가장 저렴한 매물도 6억 원 후반대에 나와 있다. 이런 매물을 경매로 5억 원대의 가격에 낙찰받은 것이다. 아무리 급매라 해도 일반 매매로는 절대 살 수 없는 부동산 매물이다. 부동산 경매라는 투자법을 적극적으로 활용했기에 얻을 수 있었던 성과다.

부동산 경매 방식의 효율을 더 자세하게 알려드리고자 다음의 자료를 첨부했다. 최근 수도권 소재 몇몇 부동산 경매 매물의 실제 낙찰가를 무작위로 골라서 정리한 표다. 옥션원을 참고해서 정리했음을 밝힌다.

| 수도권 소재 실제 부동산 경매 매물 가격 |

번호	감정가	낙찰가
①	515,000,000원	392,860,000원
②	821,000,000원	589,999,000원
③	403,000,000원	299,429,000원
④	405,000,000원	367,777,777원
⑤	471,000,000원	360,780,000원
⑥	631,000,000원	495,110,000원
⑦	201,000,000원	144,500,999원

출처: 옥션원

　자료에서 보듯이 요즘 수도권 아파트의 낙찰가율(감정가 대비 낙찰가의 비율)은 상당히 낮은 편이다. 최근 몇 년간 수도권에서는 절대 볼 수 없었던 금액이 이제는 자주 등장하고 있다. 현재는 무작위로 선정된 이 리스트만 봐도 과거에는 볼 수 없었던 70%대의 낙찰가율이 드물지 않게 보인다. 예전이었다면 수도권 소재 국민 평형 아파트에서는 절대로 나올 수 없었던 금액이다. 이 자료가 의미하는 것은 명확하다. 최근 부동산 시장의 분위기가 상당히 얼어붙었다는 점과 이 때문에 사람들이 섣불리 아파트를 매입하지 않는다는 점이다.

　이런 상황에서 부동산 투자자, 특히 실전 부동산 투자자라면 일반 매매만 고집할 게 아니라 과감히 경매로 눈을 돌리는 등 투자 방법을 다변화할 필요가 있다. 사실 지금 같은 시기에는 매우 적극

자본심資本心

적으로 경매를 시도해보라고 권하고 싶다.

경매는 매입(낙찰) 즉시 돈을 벌고 시작하는 부동산 투자법이다. 시세보다 저렴한 가격의 입찰가를 내가 직접 결정하기 때문이다. 원하는 입찰가에 낙찰받지 못하면 보증금을 돌려받은 후에 다른 매물을 노리면 된다. 혹여라도 실제로 낙찰받으면 바로 그 순간부터 수익이 생긴다. 이후 미래의 시세 상승분은 덤이다.

정리하자면 현재는 부동산 투자자들이 수도권 소재 아파트에 투자하기 위한 전략으로 그 어느 때보다 경매 방식을 사용하기에 좋은 시기다. 시야를 넓히고 여러 면을 고려해서 적극적으로 부동산 경매에 도전해보기를 바란다. 게다가 지방마다 부동산 시장의 분위기가 각양각색이므로 제대로 경매 방법을 익힌다면 지방 부동산 시장에 투자할 때도 잘 활용할 수 있다. 또한 추후 서울 아파트에 진입하는 데도 정말 큰 도움이 될 것이다.

2) 지방 아파트 실전 투자 따라 하기

실전 부동산 투자자라면 지방으로도 투자 시야를 넓혀야 한다. 부동산에 투자할 때는 굳이 수도권만 고집해야 할 이유가 전혀 없을 뿐더러, 징검다리 전략으로 서울 및 수도권에 입성하기 위해서라도 지방 부동산 투자를 당연히 고려해야 한다.

강원도 지역을 예로 들어서 실제 지방 아파트 투자법을 배워보도록 하자.

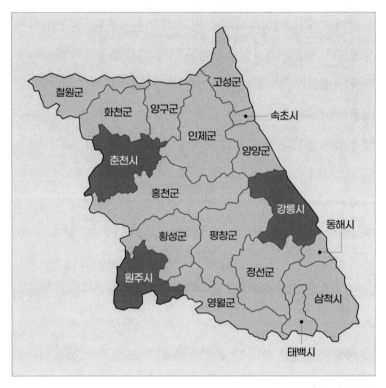

출처: 어반브러시

강원도는 7개 시와 11개 군으로 이루어져 있으며 인구수는 약 154만 명이다. '지방 아파트 투자 시에는 인구수 20만 명 내외의 지역 도시 기준에 맞추어서 투자한다'라는 필자의 기준에 맞추어서 군에는 투자하지 않는다.

필자가 제시한 인구수 20만 명 내외 기준에 부합하는 도시는 춘천(약 28만 명), 원주(약 36만 명), 강릉(약 21만 명) 등 3곳이다. 다시 말하지만, 인구수가 20만 명이 안 된다는 것은 수요에 한계가 있다는 뜻이기에 가격의 상승 폭이 낮거나 제한적일 수 있다는 의미다. 따라서 강원도에 투자할 예정이라면 인구수 20만 명 내외 기준을 적용해서 나오는 춘천, 원주, 강릉을 투자 후보지로 생각하자.

춘천과 원주는 경기도와 비교적 가까운 곳에 자리했지만—경기도와 가까운 두 도시를 일컬어 '강기도'라고 부르기도 한다—강릉은 동해안에 인접해 있다. 춘천과 원주는 경기도와 가까운 내륙 도시, 강릉은 해안 도시라는 서로 다른 특징도 참고하자.

이번에는 강원도의 세 투자 후보 도시 중에서도 춘천과 원주를 다루고자 한다. 지역별 분석에 앞서서 먼저 강원도의 전반적인 평당 매매가 및 전세가 추이부터 살펴보자.

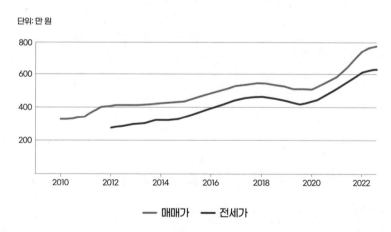

| 강원도 평당 매매가 및 전세가 추이(2010~2022년 기준) |

출처: 부동산 지인

초보 부동산 투자자라면 강원도에 투자하라는 필자의 말에 처음에는 의아해할 수도 있다. 하지만 이처럼 실제 자료를 눈으로 확인해보면 그 이유가 명확해진다. 대부분의 부동산 투자자는 지방인 강원도에 크게 주목하지 않는다. 그러나 사실 강원도의 집값은 그래프에서도 나타난 것처럼 2010년부터 거의 10년 동안 꾸준히 올랐다. 즉, 실전 부동산 투자자라면 그간 강원도의 집값이 꾸준히 상승했다는 사실에 주목할 필요가 있다. 어떤 일이든 그렇겠지만 특히 부동산 투자에서도 편견을 버려야 새로운 기회가 열리는 법이다.

앞에서 소개한 대로 부동산 시장 가격의 오르내림은 입주량과 밀접한 관련이 있다. 그렇다면 해당 기간 동안 강원도의 입주량 및 수요량 추이를 데이터로 확인해보자.

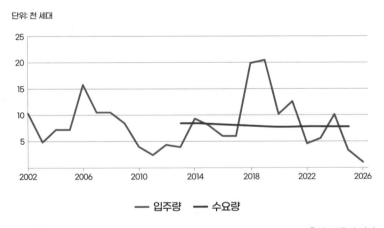

| 강원도 입주량 및 수요량 추이(2002~2026년 기준) |

단위: 천 세대

─ 입주량 ─ 수요량

출처: 부동산 지인

자본심資本心

자료에서 보이는 것처럼 강원도는 2018년부터 입주량, 즉 공급량이 폭발적으로 늘어났다. 이에 따라 2018년부터 아파트 시세가 떨어졌다가 2020년부터 조금씩 입주량이 줄어들자 입주량 감소에 더해 코로나로 인한 부동산 시장의 유동성이나 정부 규제의 부작용 등으로 다시 가격이 반등했다. 앞의 강원도 평당 매매가 및 전세가 추이 그래프에서 보이는 2018~2020년 사이의 가격 하락은 바로 이런 상황이 반영된 결과다.

이처럼 시세와 입주량(공급량)은 반비례하는 모습을 보여준다. 이는 비단 강원도 부동산 시장에서만 일어나는 현상이 아니다. 부동산 시장에서는 계속 말한 것처럼 수요와 공급 법칙이 작용하기에 지난 몇 년간 시장에 공급량이 많이 늘어나면 집값은 반드시 떨어진다. 그래서 부동산 투자자 입장에서 이처럼 공급이 많은 지역과 시기를 미리 분석해서 파악할 수 있다면 투자 시 큰 손실을 막을 수 있다.

이제 실전 투자를 위해 강원도의 두 도시인 춘천과 원주를 본격적으로 다루어보고자 한다. 강원도에서 주목해야 할 투자 후보지 중에서 첫 번째 도시인 춘천을 먼저 살펴보겠다. 일단 리스크의 최소화를 위해 투자 후보지를 선정하는 기준인 인구수 20만 명을 넘는 도시인지 다음의 실제 자료를 통해서 알아보자. 기준 적용 여부를 확인하는 과정이다.

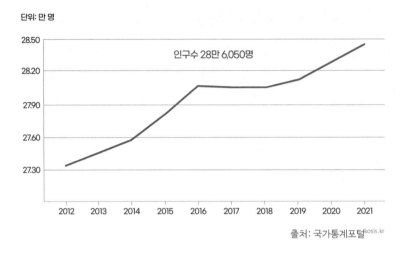

| 강원도 춘천시 인구수 추이(2012~2021년 기준) |

단위: 만 명

출처: 국가통계포털kosis.kr

실제 자료에서 보듯이 춘천은 현재 인구수 20만 명을 넘어서 약 28만 명의 인구를 보유한 도시다. 다음으로는 입지다. 강원도를 대표하는 도시이자 인구수 약 28만 명의 도시 춘천은 강원도 전체를 기준으로 했을 때 위치상 경기도와 가깝다. 고속도로뿐만 아니라 재정비된 경춘선을 이용하면 1시간 이내로 충분히 서울에 갈 수 있다. 즉, 춘천은 수도권과의 교통 편의성이 다른 어떤 지방 도시보다도 비교적 우위에 있는 도시다.

다음으로는 해당 지역에서 거래가 완료된 아파트 실거래가(국토부 신고가 기준) 순위를 검색해서 가장 비싼 아파트를 확인한다. 가장 대중적인 '84m²' 면적을 검색 조건으로 넣고 검색해보면 사람들이 선호하는 지역과 입지의 위상에 대해서 한눈에 알 수 있다. 아실을 참고해서 해당 내용을 표로 정리했다.

자본심資本心

강원도 춘천시 84m² 기준 최고가 아파트 순위 (2022년 기준)		
순위	**아파트명**	**매매가 (단위: 억 원)**
1	춘천센트럴타워푸르지오	7.9
2	춘천삼부르네상스더테라스	6.2
3	e편한세상춘천한숲시티	5.7
4	온의롯데캐슬스카이클래스	5.6
5	학곡지구모아엘가그랑데	4.6
6	춘천일성트루엘더퍼스트	4.1
7	춘천e편한세상	4
8	현진에버빌3차	4
9	현진에버빌2차	3.8
10	신성미소지움	3.5

출처: 아실

자료에서 보이는 것처럼 춘천의 경우 84m² 기준으로는 춘천센트럴타워푸르지오(온의동), 춘천삼부르네상스더테라스(온의동, 2023년 입주 예정), 온의롯데캐슬스카이클래스(온의동), e편한세상춘천한숲시티(퇴계동) 등이 가장 인기가 높은 아파트다.

자본주의 사회에서는 높은 가격이 곧 좋은 가치를 의미한다. 이처럼 가격이라는 기준을 통해서도 이른바 춘천에서 제일 잘 나가는 아파트들을 눈여겨볼 필요가 있다. 어느 지역이든지 해당 지역의 1급지 랜드마크 아파트들이 해당 지역 부동산 시장을 이끄는 리딩 아파트라는 사실을 기억하자.

이 외에도 춘천을 비롯한 지방 도시의 공통적인 특징도 미리 알아둘 필요가 있다. 지방 도시는 대개 집을 살 때 고려할 좋은 입지조건(일자리, 교통, 학군, 인프라 등)이 특정한 지역에 몰려 있다. 당연히 이런 곳은 부동산 가격이 비싸다. 앞에서 소개한 아실 사이트를 활용해서 춘천시에서 가장 비싸고, 주목해야 할 동네를 찾아보자. 좋은 입지 조건이라는 기준으로 가격과 주목해야 할 지역을 필터링하는 것이다. 온의동, 퇴계동, 약사동 등이 나올 것이다.

참고로 좋은 입지 조건 중 한 가지 요소인 학원가의 경우, 춘천에서는 주로 퇴계동 인근에 몰려 있다. 그밖에 춘천에 자리한 각종 관공서(강원도청, 춘천시청, 춘천지방법원 등)의 위치나 서울 및 수도권으로 연결된 교통 인프라(역, 터미널, 고속도로 등)를 지도로 검색해서 파악해두는 것도 좋은 투자 공부다.

이렇게 강원도 춘천시 부동산에 투자하기 위한 자료 조사와 공부를 마쳤다면, 다음으로 현재 춘천시 부동산 시장의 평당 매매가 및 전세가 추이를 살펴보자. 다음 페이지에 그래프로 정리했다.

춘천시의 부동산 시장 시세 그래프를 보면 2018년부터 2019년까지 2년간 하락세를 보여주었다. 투자자의 입장에서 이 기간 동안 춘천의 부동산 시장 분위기가 어떠했을지를 상상해보자. 투자심리는 죽어 있고, 춘천 시민들에게 부동산은 관심의 대상이 아니었을 것이다.

　　　　　　　　　　　　　　　　자본심資本心

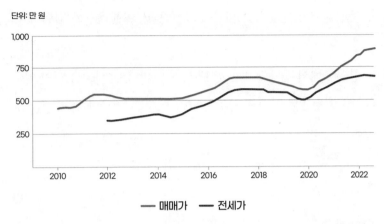

| 강원도 춘천시 평당 매매가 및 전세가 추이(2010~2022년 기준) |

단위: 만 원

출처: 부동산 지인

하지만 실제 그래프에서도 확인할 수 있듯이, 춘천의 부동산 시장은 언제 그랬냐는 듯 2020년부터 반등을 시작했다. 2020년 한 해 동안 지난 2년간의 하락 폭을 모두 만회하고, 2021년에도 급등을 이어갔다.

필자는 하락장에서 경매를 통해 부동산을 매입하는 부동산 투자 방법을 선호한다. 하락장에서는 입찰 경쟁이 덜해서 부동산 매물을 훨씬 더 싸게 낙찰받을 수 있기 때문이다.

다만 경매가 아니라 일반 매매 방식만을 추구하는 투자자라면 절대 떨어지는 칼날을 맨손으로 나서서 잡을 필요는 없다. 가격이 바닥을 다지고 하락 폭이 주춤하는 현상이 나타날 때 해당 지역 1급지 리딩 아파트에 투자하면 된다. 그게 아니라면 아예 매매 그래프가 반등하는 것을 확인하고 2급지 이하의 아파트를 적극적으로 노려보는 것도 좋다.

춘천시에 대한 분석은 이 정도로 마치고, 이제 원주로 넘어가자.

강원도에서 투자할 만한 후보 도시 중에서 두 번째 도시인 원주
다. 여기서도 투자 적용 기준에 따라 인구수가 20만 명을 넘는 도
시인지를 먼저 살펴보겠다. 아래의 그래프를 먼저 확인해보자.

자료에서 보이는 것처럼 원주의 인구수는 약 36만 명으로 강원
도 내의 7개 시 가운데서도 인구가 가장 많다. 다시 말하지만, 인구
수가 많다는 것은 탄탄한 수요가 뒷받침한다는 뜻이다. 다음 페이
지에 있는 원주의 입주량 및 수요량 추이를 살펴보자.

| 강원도 원주시 인구수 추이(2012~2021년 기준) |

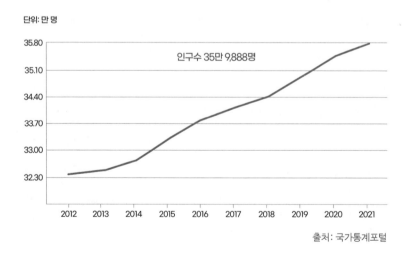

출처: 국가통계포털

　　　　　　　　자본심資本心

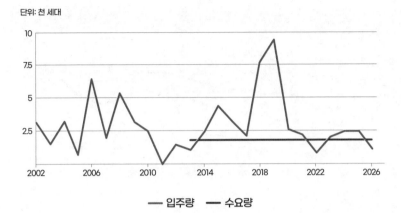

| 강원도 원주시 입주량 및 수요량 추이(2002~2026년 기준) |

단위: 천 세대

출처: 부동산 지인

원주의 부동산 시장은 2018년부터 2019년까지 엄청난 물량이 쏟아졌다가 현재는 안정 구간에 들어섰다. 실제로 원주 부동산의 매매가를 살펴보면 해당 기간 동안 매매가가 크게 떨어졌다는 사실을 알 수 있다. 이렇게 2019년 말에 가격이 바닥을 찍었지만, 그 이후로 최근 2년 동안은 급등세를 보였다는 사실을 다음의 자료로 확인할 수 있다.

다음 페이지에 있는 원주 부동산 가격 추이에서도 그 사실이 잘 드러난다. 필자가 2019년 말부터 실전 부동산 투자자들에게 권했던 지역이 바로 원주다. 강원도라는 지역적 편견만 버릴 수 있다면 소액으로도 상당한 수익을 낼 수 있는 지역이었다. 계약금, 즉 해당 부동산 가격의 10%만 준비할 수 있으면 얼마든지 투자로 수

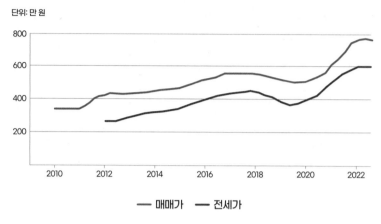

| 강원도 원주시 평당 매매가 및 전세가 추이(2010~2022년 기준) |

단위: 만 원

— 매매가 — 전세가

출처: 부동산 지인

익을 낼 수 있었다. 특히 미분양이었던 원주의 더샵센트럴파크는 'P^Premium(프리미엄)'가 최소 수천만 원에서 억 단위 이상 붙으며 당시 원주에 투자했던 투자자들에게 큰 수익을 안겨주었다. 3억 원대에 분양했던 아파트 가격이 6억 원 부근까지 올랐을 정도다.

다만 원주의 부동산 시장은 최근 들어서 조정을 받는 모습이다. 어쨌든 원주 부동산 시장의 변동 추이는 하락장이었다가 상승장으로 전환하는 지역의 1급지 리딩 아파트에 왜 투자해야 하는지를 여실히 보여준 사례라 할 수 있다. 투자 진입 타이밍이 늦으면 늦을수록 매매가와 전세가의 갭이 더 벌어지므로 투자금은 더 들어가고 투자 리스크는 점점 더 커지는 법이다.

좀 더 세밀한 분석을 위해서 원고를 집필하는 현재 시점(2022년

자본심資本心

출처: 호갱노노

하반기)을 기준으로 원주 부동산 중에서 몇몇 아파트의 사례를 통해 지방 부동산 투자의 장점과 예상 수익을 대략적으로 분석해보자. 원주에서는 지정면, 반곡동, 무실동을 1급지로 꼽을 수 있는데, 먼저 무실동 더샵원주센트럴파크 4단지 분석이다. 호갱노노 사이트를 참고했다.

자료에서 보이는 것처럼 더샵원주센트럴파크 4단지는 2019년부터 2022년 초반까지 약 2억 원 이상 가격이 상승했다. 2019년에 매매가가 3억 원대였을 때 해당 아파트에 투자한 분들은 100%에 가까운 수익률을 달성했다. 원주 1급지 리딩 아파트의 상승률

| 강원도 원주시 반곡동 힐데스하임 5단지 가격 추이(2020~2022년 기준) |

은 이 정도였다.

　만약 1급지의 리딩 아파트를 놓친 투자자들이 무실동 2급지 매물(무실세영리첼 1, 2차, 무실 우미린)이나 반곡동의 힐데스하임 5단지에 투자했다면 또 다른 수익을 얻을 수 있었다. 반곡동 힐데스하임 5단지의 가격 추이를 자료로 제시한다.

　반곡동 힐데스하임 5단지는 원주의 리딩 아파트보다는 가격 상승 타이밍이 조금 늦었지만, 그래도 적지 않은 수익을 낸 것을 확인할 수 있다. 이곳 역시 2020년 여름부터 본격적으로 상승해서 3억 원대 초반에 머물던 가격이 한때는 5억 원을 넘기기까지 했다. 다

　　　　　　　　　　　　　　　　　　　　　　자본심資本心

만 이곳 역시 최근에는 다른 곳과 마찬가지로 조정을 받고 있는 만큼 사례로 참고해두면 좋다.

이렇듯 부동산 투자 시 전국으로 시야를 넓히면 소액으로도 큰 수익을 얻을 만한 매물이 정말 많다. 사례로 든 강원도 외에도 잘 찾아보면 지방에는 아직도 수많은 투자처와 기회가 있다는 점을 명심하자.

다만 앞의 사례들과 분석을 통해서 한 가지 배울 점이 더 있다. 지방 부동산에 투자할 때는 장기 투자가 무조건 정답은 아니다. 지방 중소 도시나 소도시의 부동산 가격이 아무리 오른다 한들, 광역시나 수도권의 가격을 역전할 수는 없는 법이다. 그래서 어느 정도 목표했던 수익을 냈다면 과감히 엑시트^{exit}(매도)하는 자세 또한 중요하다. 부동산 시장은 기본적으로 자본주의 시장에 속해 있기에 계속 상승세만 타는 일은 없기 때문이다. 그래도 원주의 경우, 어느 정도 조정기를 거치면 다시 한번 또 좋은 매수 타이밍이 올 것으로 보인다.

지방에는 여전히 많은 투자 기회가 있다. 또한 실전 부동산 소액 투자자라면 어쩔 수 없이 거쳐 갈 수밖에 없는 투자 구간이 바로 지방이다. 지금도 여전히 많은 기회가 우리 곁을 스쳐 지나간다. 앞에서 설명한 투자 원리를 활용해서 소액으로 투자할 수 있는 지역을 스스로 찾아보자.

3) 서울특별시 건물 실전 투자 따라 하기

어느덧 필자의 부동산 투자 경력은 16년이 넘었다. 나이에 비유하면 1살짜리 아기가 자라서 고등학교 입학을 눈앞에 둔 시점을 맞이한 것과 같다. 이제 필자는 과거처럼 아파트에 많이 투자하지는 않는다. 지금도 계속해서 보유 개수를 줄여가고 있으며, 개인 명의의 주택은 강남의 1주택만 보유하는 것으로 방향성을 잡고 있다. 그래서 법인 명의를 활용하고 있으며, 이제는 주택보다는 건물 신축이나 리모델링 투자에 집중하고 있다. 다만 필자의 강의 수강생들이 대부분 MZ 세대이기에 지금도 여전히 전국의 부동산 시장 흐름을 모니터링하며 주기적으로 임장을 같이 다니고 있기는 하다. 하지만 필자의 투자는 이제 철저히 건물에 집중되어 있다.

꼬마빌딩 투자는 정부의 다주택자 규제에 대응하는 측면에서 장점이 있다. 또한 개인적으로 건물(꼬마빌딩) 투자는 다른 부동산과 달리 내 성을 지은 것 같은 묘한 쾌감을 주기도 한다.

게다가 건물 투자는 임대 수익과 시세 차익이라는 두 마리 토끼를 잡을 수 있다는 면에서도 꽤 매력적인 투자다. 나아가 실거주 용도나 사옥으로 활용하는 것도 가능하다는 측면에서 어쩌면 세 마리 토끼까지도 노려볼 수 있다. 내 소유의 건물이라는 사실에서 나오는 든든한 안정감 또한 이루 말할 수 없다.

그래서 이번에는 건물 투자, 특히 '지역별 실전 부동산 투자'의

| 건물 신축 또는 리모델링 시 해야 할 업무 리스트 |

	순서 정리
1	용적률, 건폐율, 용도지역 등 건물 투자에 필요한 기본적인 지식 익히기
2	부동산 중개인을 통해서 마음에 드는 매물 찾기
3	가격 협상 과정에서 심리전 발휘(갖고 싶은 마음과 포기하는 마음 사이에서 마인드 컨트롤하기, 실행 시의 결단력 등)
4	정확한 가용 자금 파악, 가용 가능한 네트워크 총동원해서 좋은 대출 상품 선정 및 대출
5	계약금, 중도금, 잔금 일정 등이 문제없이 진행될 수 있도록 명확한 타임라인 구성 및 자금 계획 구체화
6	건축(설계) 사무소와의 미팅(수차례), 설계도면 완성
7	인허가 관련 문제 해결
8	시공사 섭외 및 도급 계약 체결
9	공사 진행 상황 수시로 체크
10	민원 문제 조율
11	공사 지연 및 추가 공사비 지출에 대한 대비 및 문제 해결
12	마무리 공사 꼼꼼히 챙기기
13	사용 승인, 준공까지 긴장을 늦추지 않고 문제 해결
14	공사 잔금 및 건물 준공 완료
15	임차인 세팅, 수익 실현 극대화 작업

마지막 지역인 서울 부동산 투자법의 일환으로 건물 투자법을 소개하고자 한다. 독자 여러분이 이 책의 주된 주제인 소액 아파트 투자 로드맵을 잘 따라가서 언젠가는 꼭 건물주의 위치까지 가기를 진심으로 바란다. 특히 여러분이 은퇴를 앞두고 노후 대비용으

로 사는 것이 아니라면 1살이라도 젊을 때 후자의 투자법(단순 일반 매매가 아닌 신축과 리모델링 투자)을 배워서 실행해보기를 권한다.

건물 신축이나 리모델링 시에 해야 할 일을 표로 정리해서 공유한다. 건물 투자에 관한 내용까지 함께 정리한 표이니 투자에 참고하기를 바란다.

지금 당장은 아닐지라도 여러분이 추후 건물주가 되는 데 있어서 반드시 알아야 할 기초 지식을 핵심 설명으로 이야기하고자 한다. 부동산 투자자로서 건물주가 되려면 무엇보다도 먼저 용적률과 건폐율에 대한 기본적인 이해가 필요하다.

용적률이란 '대지면적에 대한 건축물의 연면적 비율'을 말한다. 연면적은 지하를 제외한 지상 건축물의 전체 면적이다. 용적률의 본질은 '건물을 어느 정도 높이까지 올릴 수 있느냐'이다. 건물이란 것은 내가 짓고 싶다고 해서 함부로 원하는 높이까지 마음대로 지을 수 있는 것이 아니기 때문이다.

용적률 계산식을 간단히 설명하면 '지하를 제외한 지상 건축물의 전체 면적(지상 3층 건물일 경우 1, 2, 3층의 면적을 합한 면적)/대지 면적'이다. 예를 들어서 땅이 100평이고 그 위로 건물을 200평까지 지을 수 있다면, 이때의 용적률은 200%가 된다.

지하를 제외한 지상 건축물의 전체 면적/대지 면적=용적률

다음으로 건폐율은 '대지 면적에 대한 바닥 면적의 비율'이다. 간단하게 말해서 토지 위에 건물이 차지하고 있는 면적이며, 대략적인 계산식은 '바닥 면적/대지 면적'으로 표현할 수 있다. 예를 들어서 100평짜리 토지 위에 50평짜리 건물이 들어섰다면 건폐율은 50%다.

건폐율은 대개 60%를 상한으로 제한하는데, 건물 간의 적정 간격을 유지함으로써 도시의 과밀화를 막기 위한 것이다. 모든 건물이 빈틈없이 빼곡하게 붙어 있다면 당연히 큰 문제가 될 수밖에 없기에 이런 제한이 있다.

바닥 면적/대지 면적=건폐율

이처럼 부동산 투자 시에 해당 건물을 리모델링하거나 신축하려는 투자자라면 용적률과 건폐율에 대한 기본 개념부터 알아야만 해당 건물을 리모델링할지, 또는 멸실滅失하고 신축할 것인지에 대해서 현명한 판단을 내릴 수 있다. 무조건 멸실하는 것만이 능사는 아니다.

다음으로 필자가 실제로 서울 강남 소재 건물을 매입해서 신축한 사례를 소개하고자 한다. 해당 건물의 투자 및 시공 과정을 간략하게나마 사진으로 정리해서 제시했다. 용적률과 건폐율 개념을 생각하면서 이 사례를 보면 참고가 될 것이다.

| 김수영의 서울 강남 지역 부동산 실제 투자 및 신축 사례-시공 중 모습 |

| 김수영의 서울 강남 지역 부동산 실제 투자 및 신축 사례-시공 후 모습 |

해당 부동산은 필자가 2020년에 약 24억 원을 주고 매입한 부동산이다. 부동산을 매입한 후 멸실(철거)하고 새 건물로 신축했다. 현재 해당 건물의 시세는 약 60억 원이 넘는다. 아주 좋은 타이밍에 매입했고 탁월한 부동산 입지와 훌륭한 파트너와의 연대 등이 시너지를 이루어 부동산 투자가 빛을 발한 사례다. 필자는 앞으로도 이런 투자를 지속해나갈 예정이다. 계속해서 신규 건물을 매입해서 리모델링 및 신축을 할 것이고, 높은 가치에 되팔아서 더 규모가 큰 건물로 옮겨갈 예정이다.

지금도 필자는 끊임없이 건물 투자 관련 공부를 하고 있으며, 유능한 네트워크를 쌓아가고 있다. 그리고 틈만 나면 강남 곳곳을 걸어 다니며 최근 투자 사례들을 업데이트하고 있다. 20대 초반에 지방 곳곳을 돌아다니며 소액 투자를 하던 시절을 떠올리면 참으로 격세지감이 아닐 수 없다.

건물 투자의 핵심은 훌륭한 입지 선택, 적극적인 레버리지 활용, 리모델링과 신축 등을 통한 물건 가치 극대화 등이다. 건물 투자는 확실히 일반 아파트 투자와는 다른 매력이 존재한다.

여기에 더해서 필자는 부동산에 투자할 때 투자 기간을 오래 설정해서 가져갈 매물과 가볍게 짧게 가져갈 매물을 철저히 구분해서 서로 다른 방법으로 접근한다. 아울러 투자 포트폴리오를 구성할 때도 수익형과 차익형의 조화 등 포트폴리오 관점에서 올바른 균형을 갖추는 것을 중요시한다.

이런 세밀함이 초보 부동산 투자자 시절부터 16년이라는 세월을 거치고 지금까지 성장하면서 시장에서 지속적인 투자를 해올 수 있었던 비결이다.

여러분도 이번 챕터에서 다룬 사례처럼 투자 지역의 다변화, 물건 종류의 다변화, 매입 방법의 다변화를 추구한다면 쉴 새 없이 살아 움직이는 부동산 투자 시장에서 언제든지 활로를 찾을 수 있다. 부디 어설픈 이론가들의 말에 휘둘리지 말고 뚝심 있는 투자로 여러분만의 경제적 자유를 향해서 전진하시기를 바란다.

마지막으로 여러분이 하나 더 명심해야 할 것이 있다. 앞에서도 여러 번 말했지만, 부동산 시장은 늘 변한다는 점이다. 필자가 집필하고 공유하는 이 책의 정보도 1년이나 2년 후에는 시장의 변화에 따라서 어느 정도의 가치와 쓸모가 있을지 알 수 없다. 부동산 시장은 살아 움직이는 생물과 같아서 책으로 제시하는 자료가 영원히 맞을 수는 없는 노릇이다.

따라서 재차 강조하건대 부자의 길로 가기 위해서 부동산 투자에 도전하는 투자자라면 부동산 시장을 보는 눈부터 키워야 한다. 물고기를 얻으려 하지 말고 낚시법을 배워야 한다는 이야기다. 그리고 투자의 고정관념을 버리고 시야를 전국으로 넓혀가면서 꾸준히 공부해야 성공하는 투자자로 남는다.

공부하지 않고 무작정 이루어지는 일은 아무것도 없다. 이 책을 읽는 여러분의 조건이 평범할지라도 열심히 공부만 한다면, 부동

자본심資本心

산 투자가 분명히 부자로 가는 길을 활짝 열어줄 것이라고 믿어 의심치 않는다.

　모쪼록 앞으로 끊임없이 자본심을 키우고 부자의 길에 도전할 여러분을 응원한다.

부자가 되기 위해
자본심을 일깨운 분들에게

책을 집필하는 지금도 대한민국 부동산 시장의 분위기가 심상찮다
는 이야기가 여기저기서 들려옵니다. 설령 앞으로 집값이 더 떨어
질 수도 있습니다. 하지만 집값의 하락 폭은 그걸 열망하고 바라는
분들의 기대치만큼 내려가지는 않을 것입니다. 과거의 사례를 보
거나 여러 가지 자료를 분석해본 제 견해로는 집값은 폭락할 정도
로 내려갈 수가 없는 구조라는 것이 제 경험이자 생각입니다.

이런 상황에서 제가 말씀드리고 싶은 것은 소액으로라도 아파트
투자 프로젝트를 시작하자는 것입니다. 만약 여러분이 청약 가점
이 높은 사람이라면 당연히 청약을 노려야 합니다. 하지만 그게 아
니라면, 대한민국의 평범한 젊은이라면 당장 투자금 3,000만 원으

.

로 소액 아파트 투자 프로젝트에 뛰어들어야 합니다. 물론 3,000만 원은 상징적인 숫자입니다. 그만큼 적은 돈으로도 집을 살 수 있다는 것을 강조하고 싶었습니다.

앞에서도 말씀드렸지만, 우리가 살아가는 자본주의 사회에서 하고 싶은 일을 하지 않고 누리고 싶은 것을 누리기 위해서는 돈이 필요합니다. 평범한 사람들이 어떻게 돈을 벌고 경제적 자유를 달성할 수 있을까요? 그것은 바로 마음을 다지는 데서 출발합니다. 즉, 돈이 곧 자존심인 시대에서는 돈을 추구하는 마음을 갖추는 것이 부자가 되는 출발점입니다.

제가 여러분께 이 책을 통해서 강조한 것은 결국 자본심입니다. 자본주의 사회에서 살아남기 위해 자본을 쌓아가려는 마음, 자본에 대한 나만의 당당한 자부심이 곧 자본심입니다. 부자의 습관을 갖추고 실전 부동산 소액 투자로 부자가 되는 일은 모두 이 자본심에서 출발합니다.

자본심을 갖추었다면 투자를 주저하지 마십시오. 마침내 나를 부자로 만들어줄 투자 기회를 찾기 위해서 늘 미리 준비하고 공부하십시오.

인생은 생각만으로는 절대 변하지 않습니다. 당장 용기 내어 행동하는 사람에게 삶의 질적인 변화가 일어납니다. 질적인 삶의 변화를 누리는 여러분이 되시기를 기원합니다.

이 책이 여러분의 자본심을 깨우는 첫 삽이 된다면 더할 나위 없이 기쁘겠습니다.

감사합니다.

자본심資本心

초판 1쇄 발행 2022년 10월 20일
초판 2쇄 발행 2022년 11월 25일

지은이 김수영
브랜드 경이로움
출판 총괄 안대현
책임편집 최승헌
편집 김효주, 정은솔, 이동현, 이제호
마케팅 김윤성
표지디자인 섬세한 곰
본문디자인 김혜림

발행인 김의현
발행처 사이다경제
출판등록 제2021-000224호(2021년 7월 8일)
주소 서울특별시 강남구 테헤란로33길 13-3, 2층(역삼동)
홈페이지 cidermics.com
이메일 gyeongiloumbooks@gmail.com (출간 문의)
전화 02-2088-1804 **팩스** 02-2088-5813
종이 다올페이퍼 **인쇄** 천일문화사
ISBN 979-11-92445-13-7 (03320)